The Alps

Les Alpes · Die Alpen · Los Alpes
Le Alpi · De Alpen

The Alps

Les Alpes · Die Alpen · Los Alpes
Le Alpi · De Alpen

Claudia Bettray
Ingeborg Pils

KÖNEMANN

Contents · Sommaire · Inhalt · Índice Indice · Inhoud

◂
Rappensee (2046 m · 6713 ft), Hochrappenkopf (2425 m · 7956 ft), Kleiner Rappenkopf (2276 m · 7467 ft), Allgäuer Alpen, Bayern, Deutschland

◂◂
Drei Zinnen (2999 m · 9839 ft), Trentino-Südtirol, Italien / Tre Cime di Lavaredo (2999 m · 9839 ft), Trentino-Alto Adige, Italia

Note: The chapter structure was based on the SOIUSA (Suddivisione Orografica Internazionale Unificata del Sistema Alpino)

Remarque : La structure du chapitre se base sur le SOIUSA (Suddivisione Orografica Internazionale Unificata del Sistema Alpino)

Anmerkung: Die Kapiteleinteilung erfolgte auf Grundlage der SOUISA (Suddivisione Orografica Internazionale Unificata del Sistema Alpino)

Nota: La introducción del capítulo se realizó en base a la información proporcionada por SOIUSA (Suddivisione Orografica Internazionale Unificata del Sistema Alpino)

Nota: La suddivisione dei capitoli si basa sulla SOIUSA (Suddivisione Orografica Internazionale Unificata del Sistema Alpino)

Opmerking: De hoofdstukindeling is gebaseerd op de SOIUSA (Suddivisione Orografica Internazionale Unificata del Sistema Alpino)

The Alps

The Alps: quintessential unspoiled nature and landscape shaped by its human inhabitants. The highest mountain range in the interior of Europe creates a rocky division between north and south, crossing the borders of: Germany, France, Italy, Austria, Liechtenstein, Monaco, Switzerland, and Slovenia. Covering more than 191000 km^2 (almost 74000 sq mi) and extending 1200 km (750 mi) from the Ligurian Sea in the west to the Pannonian Plain in the east. It was created millions of years ago by the collision of the African and European continental plates.

A landscape full of contrasts. Majestic ridges, alpine tundra, rocky deserts, steep crags, deep mountain gorges. But also lush green, rolling hills, blooming meadows, dense forests, wide valleys, and crystal-clear lakes. One of the largest natural areas in Europe, a fascinating ecosystem, a unique habitat for more than 30000 animal and 13000 plant species, and home to over 14 million people.

Les Alpes

Les Alpes, symbole d'une nature préservée et de paysages façonnés par l'homme. Huit pays se partagent la plus haute chaîne de montagnes de l'Europe intérieure – barrière de pierres entre le nord et le sud : l'Allemagne, la France, l'Italie, l'Autriche, le Liechtenstein, Monaco, la Suisse et la Slovénie. L'arc montagneux étend ses 1200 km (745 mi) de long sur environ 191000 km^2 (73746 sq mi), de la mer ligure à l'ouest à la plaine pannonienne à l'est. Elles sont le résultat de la collision des plaques continentales africaines et européennes, il y a des millions d'années.

Un paysage plein de contrastes. Des crêtes majestueuses, des déserts montagneux de glace et de pierres, des rochers escarpés, des gorges profondes. Mais aussi des collines verdoyantes, des prairies fleuries, des forêts denses, de larges vallées et des lacs limpides. L'un des plus grands espaces naturels d'Europe, un écosystème fascinant, habitat naturel unique de plus de 30000 espèces d'animaux et 13000 de végétaux, foyer de peuplement de plus de 14 millions de personnes.

Die Alpen

Die Alpen, Inbegriff ursprünglicher Natur und vom Menschen geformter Kulturlandschaft. Acht Staaten teilen sich das höchste Gebirge im Inneren Europas, steinerne Barriere zwischen Nord und Süd: Deutschland, Frankreich, Italien, Österreich, Liechtenstein, Monaco, die Schweiz und Slowenien. Über 191000 km^2 (73746 sq mi) erstreckt sich der 1200 km (745 mi) lange Gebirgsbogen vom Ligurischen Meer im Westen bis zur Pannonischen Tiefebene im Osten. Vor Millionen Jahren aufgefaltet durch den Zusammenprall der afrikanischen und der europäischen Kontinentalplatte.

Eine Landschaft voller Gegensätze. Atemberaubende Gipfel, hochalpine Eis- und Steinwüsten, schroffe Felsmassive, tiefe Gebirgsschluchten. Aber auch saftig-grüne, sanft geschwungene Hügel, blühende Almwiesen, dichte Wälder, weite Täler und kristallklare Bergseen. Einer der größten Naturräume Europas, faszinierendes Ökosystem, einzigartiger Lebensraum für mehr als 30000 Tier- und 13000 Pflanzenarten, Heimat für über 14 Millionen Menschen.

►
Bettmeralp (1948 m · 6391 ft), Walliser Alpen, Kanton Wallis, Schweiz

Los Alpes

Los Alpes son la encarnación de la naturaleza en estado puro con paisajes de cultivo creados por el ser humado Ocho países comparten el sistema montañoso más alto de Centroeuropa, formando una barrera rocosa entre Norte y Sur: Alemania, Francia, Italia, Austria, Liechtenstein, Mónaco, Suiza y Eslovenia. Este arco montañoso con un largo de 1200 km (3937 ft) se extiende sobre 191000 km^2 (73746 sq mi), desde el Mar de Liguria en el oeste hasta la Llanura de Panonia en el este. Se formó hace millones de años por medio de la colisión entre las placas tectónicas del continente africano y europeo.

Se trata de un paisaje lleno de contradicciones: impresionantes cimas, desérticos glaciares, peñas de los altiplanos alpinos, macizos de escarpadas rocas y gargantas profundas. Aunque también encontramos montes de un verde intenso cuyos bordes se desdibujan en el horizonte, florecientes pastos, frondosos bosques, amplios valles y lagos cristalinos de montaña. Es uno de los espacios naturales más grandes de Europa, con un ecosistema fascinante, un medio de vida único para más de 30000 especies de animales y más de 13000 especies de plantas y el lugar patrio de más de 14 millones de personas.

Le Alpi

Le Alpi, quintessenza di natura primordiale e allo stesso tempo di paesaggio trasformato dall'intervento dell'uomo. Sono otto in tutto i paesi che si dividono i monti più alti nel cuore dell'Europa, le barriere di pietra che dividono il Nord dal Sud: Germania, Francia, Italia, Austria, Liechtenstein, Monaco, Svizzera e Slovenia. Con una superficie complessiva di ben 191000 km^2 (73746 sq mi) la catena montuosa alpina si estende per 1200 km (3937 ft) partendo dal mar Ligure a ovest fino alla pianura Pannonica ad est. La loro origine risale a milioni di anni fa con la collisione tra la placca africana e la placca europea.

Un paesaggio ricco di contrasti. Cime mozzafiato, deserti alpini rocciosi e di ghiaccio, rocce ripide, gole profonde. Ma anche dolci e verdi colline, pascoli fioriti, foreste fitte, valli vaste e laghi cristallini. Una delle aree naturali più grandi d'Europa, ecosistema affascinante, habitat unico per più di 30000 specie animali e 13000 specie vegetali nonché territorio abitato da più di 14 milioni di persone.

De Alpen

De Alpen, toonbeeld van ongerepte natuur en van door menshanden gevormd cultuurlandschap. Het hoogste gebergte van Europa, een stenen barrière tussen noord en zuid, ligt over acht landen verspreid: Duitsland, Frankrijk, Italië, Oostenrijk, Lichtenstein, Monaco, Zwitserland en Slovenië. Van de Ligurische Zee in het westen tot de Pannonische vlakte in het oosten beslaat de 1200 km (3937 ft) lange Alpenboog meer dan 191000 km^2 (73746 sq mi). Een plooiingsgebergte dat in de loop van miljoenen jaren ontstond door de botsing van de Afrikaanse en de Euraziatische continentale plaat.

Een landschap vol tegenstellingen. Van adembenemende toppen, hoogalpiene ijs- en steenwoestijnen, ruige rotsmassieven en diepe bergkloven tot groene lichtglooiende heuvels, bloeiende alpenweiden, dichte bossen, brede dalen en kristalheldere bergmeren. Een van de grootste natuurgebieden van Europa, een fascinerend ecosysteem en een unieke habitat voor meer dan 30000 dier- en 13000 plantensoorten, en een thuis voor meer dan 14 miljoen mensen.

◂
Eiger (3970 m · 13020 ft), Berner Oberland, Kanton Bern, Schweiz

Punta Marguareis · Pointe Marguareis

2651 m · 8698 ft

Ligurian Alps · Alpes liguriennes
Ligurische Alpen · Alpi Liguri

Riviera di Ponente, San Lorenzo di Mare, Liguria, Italia

Ligurian Alps
Gentle hills, rugged limestone massifs, karstic plateaus, and wide valleys shape the face of the Ligurian Alps from the Col de Tende in the west to the Col di Cadibona in the east. To the south, the mountains covered with mixed and coniferous forests form a green contrast to the rocky, yet picturesque coast. Some peaks are even home to tiny, isolated villages known for their peace and quiet.

Alpes liguriennes
Douces collines, massifs calcaires accidentés, plateaux karstiques et larges vallées façonnent le visage des Alpes liguriennes – du Col de Tende à l'ouest, au Col de Cadibona à l'est. Au sud, les chaînes de montagnes couvertes de forêts mixtes et de conifères forment un contraste vert avec la côte rocheuse pittoresque. Sur certains sommets, de petits villages se dressent fièrement, tels des îlots de tranquillité.

Ligurische Alpen
Sanfte Hügellandschaften, schroffe Kalksteinmassive, karstige Hochflächen und weite Täler prägen das Gesicht der Ligurischen Alpen – vom Col de Tende im Westen bis zum Col di Cadibona im Osten. Im Süden bilden die mit Misch- und Nadelwäldern überzogenen Bergketten einen grünen Kontrast zur malerischen Felsenküste. Auf einzelnen Berggipfeln erheben sich stolz kleine Dörfer, Inseln der Ruhe.

Riviera di Levante, Bajardo, Liguria, Italia

Alpes Ligúricos
Suaves paisajes montañosos, abruptos macizos calcáreos, altiplanos cársticos y amplios valles marcan la cara de los Alpes Ligúricos desde Col de Tende en el oeste hasta Col di Cadibona en el este. En el sur, el verde de las cordilleras con bosques mixtos y coníferos contrasta fuertemente con la pintoresca costa pedregosa. Pequeños pueblos se erigen orgullosos, sobre las cimas de algunas montañas. Son auténticos reductos de paz.

Alpi Liguri
L'immagine delle Alpi Liguri - che partono da Colle di Tenda a ovest e si estendono fino a Colle di Cadibona a est – è caratterizzata da sinuose colline, ripidi massicci calcarei, altopiani carsici e vaste valli. Nella parte meridionale, le catene montuose sono ricoperte di foreste miste e di pino, creando un verde contrasto con la pittorica costa rocciosa. Sulle singole cime montuose sorgono fieri anche piccoli villaggi, vere oasi di pace.

Ligurische Alpen
Glooiende heuvelgebieden, steile kalksteenmassieven, karstplateaus en brede dalen bepalen de aanblik van de Ligurische Alpen, van de Col de Tende in het westen tot de Col di Cadibona in het oosten. In het zuiden vormen de met gemengde en naaldbossen begroeide bergketens een groen contrast met de schilderachtige rotskust. Hier en daar liggen trotse dorpjes als oases van rust op de hoge toppen.

►►
Alta Langhe, Piemonte, Italia

Valle Gesso, Piemonte, Italia

Punta Marguareis, standing 2651 m above sea level (8698 ft), is the majestic highest peak of the Ligurian Alps. It marks the boundary between the Italian region of Piedmont and the French department of Alpes-Maritime. The Marguareis massif has also been called the "Little Dolomites." At its feet is a nature park with extensive pine, beech, and larch forests that provide a habitat for a colorful variety of animals and plants.

Avec ses 2651 m (8698 ft), le Punta Marguareis – le plus haut sommet des Alpes ligures – marque la frontière entre la région italienne du Piémont et le département français des Alpes-Maritimes. Le massif du Marguareis est également appelé «Petites Dolomites». Il abrite à ses pieds un parc naturel, avec de vastes forêts de pins, de hêtres et de mélèzes, habitat d'une multitude d'animaux et de plantes.

Majestätisch markiert die Punta Marguareis, mit 2651 m (8698 ft) die höchste Bergspitze der Ligurischen Alpen, die Grenze zwischen dem italienischen Piemont und dem französischen Département Alpes-Maritime. „Kleine Dolomiten" wird das Marguareis-Massiv auch genannt. Zu seinen Füßen liegt ein Naturpark mit ausgedehnten Tannen-, Buchen- und Lärchenwäldern, Lebensraum für eine bunte Vielzahl von Tieren und Pflanzen.

La Punta Marguareis es con 2651 m (8698 ft) de altura, el pico más alto de los Alpes Ligúricos. Forma frontera entre el Piamonte italiano y el Département Alpes-Maritimes francés. Al macizo de Marguareis también se le conoce como „Los Pequeños Dolomitas". A sus pies se encuentra un parque natural con extensos bosques de pinos, hayas y alerces, hábitat de una gran variedad de animales y plantas.

Punta Marguareis, con i suoi 2651 m (8698 ft), si erge maestosa come la cima più alta delle Alpi Liguri e segna il confine tra il Piemonte (Italia) e la parte delle Alpi Marittime (Francia). Il territorio di Marguareis viene anche chiamato quello delle "piccole Dolomiti". Ai suoi piedi si trova un parco naturale con foreste di abeti, faggi, larici e habitat di numerose specie animali e vegetali.

Met koninklijke waardigheid markeert de Punta Marguareis, met 2651 m (8698 ft) de hoogste bergtop van de Ligurische Alpen, de grens tussen de Italiaanse regio Piemonte en het Franse departement Alpes-Maritimes. 'Kleine Dolomieten' wordt het Marguareismassief ook wel genoemd. Aan de voet ervan ligt een natuurpark met uitgestrekte dennen-, beuken- en lariksbossen, een habitat voor een bonte verzameling dier- en plantensoorten.

◂ Pian delle Gorre, Parco naturale del Marguareis, Piemonte, Italia

▸▸ Alpi Liguri, Provincia di Savona, Italia

Parco naturale del Marguareis, Piemonte, Italia

►
Valle dell'Orco, Piemonte, Italia

Monte Argentera
3297 m · 10 817 ft
Maritime Alps · Alpes-Maritimes
Seealpen · Alpi Marittime

Haute Vallée du Verdon, Massif du Pelat (3050 m · 10007 ft),
Alpes-de-Haute-Provence/Alpes-Maritimes,
Provence-Alpes-Côte d'Azur, France

Maritime Alps

From the Monte Argentera (3297 m · 10817 ft) in the Italian Piedmont, the Maritime Alps extend to the Mediterranean coast. Steep ridges with breathtaking panoramic views, impressive gorges, and broad valleys. Large parts of the Maritime Alps and the Mercantour massif including the national park of the same name are in France. An alpine paradise for ibex, chamois, wild sheep, and marmots.

Alpes-Maritimes

Avec le Mont Argentera (3297 m · 10817 ft), les Alpes-Maritimes s'étendent du Piémont italien jusqu'à la côte méditerranéenne. Des crêtes abruptes avec des vues panoramiques à couper le souffle, des gorges impressionnantes et de larges vallées. Une grande partie des Alpes-Maritimes et du massif du Mercantour – avec le parc national du même nom – appartiennent à la France. Un paradis alpin pour bouquetins, chamois, mouflons et marmottes.

Seealpen

Vom italienischen Piemont mit dem Monte Argentera (3297 m · 10817 ft) erstrecken sich die Seealpen bis an die Mittelmeerküste. Steile Gebirgskämme mit atemberaubendem Panoramablick, eindrucksvolle Schluchten und weite Täler. Große Teile der Seealpen und das Mercantour-Massiv mit dem gleichnamigen Nationalpark gehören zu Frankreich. Ein alpines Paradies für Steinböcke, Gämsen, Mufflons und Murmeltiere.

Provence-Alpes-Côte d'Azur, France

Alpes marítimos

Desde el Piamonte italiano con el Monte Argentera (3297 m · 10817 ft), los Alpes marítimos se extienden hasta la costa del Mediterráneo. Nos encontramos con escarpadas montañas con vistas panorámicas increíbles, gargantas impresionantes y amplios valles. Gran parte de los Alpes marítimos y del macizo de Mercantour, cuyo parque nacional recibe el mismo nombre, pertenecen a Francia. Un paraíso alpino para los machos cabríos, gamuzas, muflones y marmotas.

Alpi Marittime

Le Alpi Marittime si estendono fino alla costa del mar Mediterraneo a partire dal Monte Argentera (3297 m · 10817 ft) in Piemonte (Italia). Creste ripide con panorami mozzafiato, gole impressionanti e vaste valli. Gran parte delle Alpi Marittime e del Massiccio del Mercantour (compreso l'omonimo parco nazionale) è parte del territorio francese. Un paradiso alpino per stambecchi, camosci, mufloni e marmotte.

Zee-Alpen

Tussen het Italiaanse Piemonte met de Monte Argentera (3297 m · 10817 ft) en de Middellandse Zeekust liggen de Zee-Alpen: een aaneenschakeling van steile bergkammen met adembenemende vergezichten, diepe bergkloven en brede dalen. Grote delen van de Zee-Alpen en het Mercantourmassief met het gelijknamige nationale park liggen op Frans.

Lago di San Bernolfo, Piemonte, Italia

►►
Vallée de la Haute-Romanche, La Meije (3983 m · 13068 ft), Isère/Hautes-Alpes, Auvergne-Rhône-Alpes, France

Parc national du Mercantour, Alpes-de-Haute-Provence/
Alpes-Maritimes, Provence-Alpes-Côte d'Azur, France

Forty-two passes cross the ridges of the Maritime Alps, including the second highest road in Europe, the ring road around the Cime de la Bonette (2802 m · 9193 ft). The Route des Grandes Alpes runs through the famous passes of the Maritime Alps from the Haute-Savoie region through the Haute-Provence down to the Côte d'Azur. For millennia, this has been a trading route and lifeline connecting countries and peoples.

42 voies mènent aux crêtes des Alpes-Maritimes – dont la deuxième plus haute route d'Europe, la route de la Cime de la Bonette (2802 m · 9193 ft). La «Route des Grandes Alpes» traverse les plus célèbres cols des Alpes-Maritimes, depuis le département de la Haute-Savoie en passant par la Haute-Provence et jusqu'à la Côte d'Azur. Depuis des millénaires, elle relie les régions et les gens, à la fois route commerciale et artère vitale.

42 Pässe führen über die Bergkämme der Seealpen – darunter die zweithöchste Straße Europas, die Ringstraße um die Cime de la Bonette (2802 m · 9193 ft). Die „Route des Grandes Alpes" verläuft über die bekanntesten Pässe der Seealpen vom Département Haute-Savoie durch die Haute-Provence bis zur Côte d'Azur. Seit Jahrtausenden verbindet sie Länder und Menschen, ist Handelsstraße und Lebensader.

◂◂
Col de la Cayolle (2326 m · 7631 ft), Alpes-de-Haute-Provence/
Alpes-Maritimes, Provence-Alpes-Côte d'Azur, France

Route de la Bonette, Alpes-de-Haute-Provence/
Alpes-Maritimes, Provence-Alpes-Côte d'Azur, France

Cuarenta y dos puertos nos conducen a través de los escarpados cerros hasta los Alpes marítimos en los que se encuentra la segunda carretera más alta de Europa, la carretera circular que gira entorno a la Cime de la Bonette (2802 m · 9193 ft). La „Route des Grandes Alpes" (Ruta de los grandes Alpes) transcurre a través de los puertos más conocidos de los Alpes marítimos desde el Departamento de la Alta Saboya a través de la Alta Provenza hasta la Costa Azul. Desde hace miles de años une varios países y a su gente. Por ello se ha convertido en una importante ruta comercial y centro neurálgico de actividad.

42 valichi conducono sulle creste delle Alpi Marittime – al di sotto si trova la seconda strada più alta d'Europa, la strada circolare che compie il giro della Cima della Bonette (2802 m · 9193 ft). La "Route des Grandes Alpes" attraversa i valichi più conosciuti delle Alpi Marittime partendo dal dipartimento francese dell'Alta Savoia, attraversando l'Alta Provenza fino a raggiungere la Costa Azzurra. Da secoli è l'anello di congiunzione tra paesi e persone, importante arteria commerciale e collegamento indispensabile.

De Zee-Alpen tellen 42 passen over bergkammen als de Col de la Bonette (2802 m · 9193 ft), waarover de een na hoogste doorgaande weg van Europa ligt. De 'Route des Grandes Alpes' loopt over de bekendste Zee-Alpenpassen van het departement Haute-Savoie door de Haute-Provence naar de Côte d'Azur en is al duizenden jaren lang een verbindingsweg tussen landen en mensen, als handelsweg en levensader.

►►
Parc national du Mercantour, Alpes-de-Haute-Provence/
Alpes-Maritimes, Provence-Alpes-Côte d'Azur, France

Pas du Lausson (2602 m · 8537 ft), Parc national du Mercantour, Alpes-de-Haute-Provence / Alpes-Maritimes, Provence-Alpes-Côte d'Azur, France

Tête de l’Estrop

2961 m · 9715 ft

The Provençal Alps and Foothills
Alpes de Haute Provence
Provenzalische Alpen und Voralpen
Alpi e Prealpi di Provenza

Lac du Pontet, (3984 m · 13070 ft), Haute-Alpes,
Provence-Alpes-Côte d'Azur, France

The Provençal Alps and Foothills
The full beauty of the Alps. Wild mountain forests and rivers, spectacular natural wonders, and imposing peaks like the Tête de l'Estrop (2961 m · 9715 ft), the highest mountain in the Provençal Alps. The valleys in-between are home to small towns with a Mediterranean flair and sights such as the rock cones known as Les Pénitents that rise behind the southern French village of Les Mées.

Alpes provençales et Préalpes
Toute la beauté des Alpes. Des forêts et des rivières sauvages de montagne, des merveilles naturelles spectaculaires et des sommets impressionnants, comme la Tête de l'Estrop, avec 2961 m (9715 ft) le plus haut sommets des Alpes et Préalpes provençales. Entre les deux, des petites villes avec une touche méditerranéenne et des sites touristiques comme les cônes rocheux qui se dressent derrière le village du sud de Les Mées : les Pénitents.

Provenzalische Alpen und Voralpen
Die ganze Schönheit der Alpen. Wilde Gebirgswälder und -flüsse, grandiose Naturwunder und imposante Gipfel wie der Tête de l'Estrop, mit 2961 m (9715 ft)der höchste Berg der Provenzalischen Alpen und Voralpen. Dazwischen kleine Städte mit mediterranem Flair und Sehenswürdigkeiten wie die Gesteinskegel, die sich hinter dem südfranzösischen Örtchen Les Mées erheben: Les Pénitents (die Büßer).

Les Pénitents des Mées, Alpes-de-Haute-Provence, Provence-Alpes-Côte d'Azur, France

Alpes Provenzales y Prealpes
Los Alpes en todo su esplendor. Ante nuestros ojos se abre un paisaje con bosques salvajes y ríos de montaña, grandes milagros de la naturaleza e imponentes picos, como la Tête de l'Estrop con 2961 m de altura (9715 ft), la cumbre más alta de los Alpes Provenzales y Prealpes. En medio nos encontramos con pueblos de aires mediterráneos y curiosidades turísticas como los conos de piedra que se levantan detrás de la pequeña localidad Les Mées en el sur de Francia: Les Pénitents (los penitentes).

Alpi e Prealpi di Provenza
La bellezza delle Alpi in tutto il suo splendore. Fiumi e foreste montuose selvagge, grandiose meraviglie della natura e cime imponenti come la Tête de l'Estrop, che con i suoi 2961 m (9751 ft) è la montagna più alta delle Alpi e Prealpi di Provenza. Tra i monti piccole città dal sapore mediterraneo e tante cose da vedere come le formazioni rocciose, che si trovano alle spalle di Les Mées, località nel sud della Francia: Les Pénitents (i penitenti).

Provençaalse Alpen en Voor-Alpen
Al het mooie van de Alpen. Wilde bergwouden en -stromen, grandioze natuurwonderen en imposante toppen als de Tête de l'Estrop, met 2961 m (9751 ft) de hoogste berg van de Provençaalse Alpen en Voor-Alpen. Daartussen stadjes met mediterrane flair en bezienswaardigheden, zoals 'De boetelingen', de smalle rotsformaties die zich achter het Zuid-Franse plaatsje Les Mées verheffen.

►►
Gorges du Verdon, Lac de Sainte-Croix, Alpes-de-Haute-Provence, Provence-Alpes-Côte d'Azur, France

One of the most beautiful natural wonders in France is the Verdon Gorge in the Haute-Provence. This wild alpine river in the hinterland of Nice has over the centuries dug out a canyon 700 m (2286 ft) deep in the limestone of the massif. For more than 21 km (13 mi), the river squeezes its way through an increasingly narrow canyon until it ends at the artificial Lac de Sainte-Croix.

Les gorges du Verdon, souvent appelées le Grand Canyon du Verdon, sont l'une des plus belles merveilles naturelles de France. La rivière alpine de l'arrière-pays niçois a creusé jusqu'à 700 m (2296 ft) dans le calcaire du massif montagneux. Elle se fraye un chemin sur plus de 21 km (13 mi), à travers un canyon de plus en plus étroit, jusqu'au lac artificiel de Sainte-Croix.

Eines der schönsten Naturwunder Frankreichs ist die Verdonschlucht in der Haute-Provence, häufig auch Grand Canyon du Verdon genannt. Bis zu 700 m (2296 ft) hat sich der wilde Alpenfluss im Hinterland von Nizza in das Kalkgestein des Bergmassivs gegraben. Über 21 km (13 mi) zwängt er sich durch einen immer schmaler werdenden Canyon, bis er im Stausee Lac de Sainte-Croix mündet.

Una de las mayores maravillas de la naturaleza en Francia es la garganta de Verdon en la Alta Provenza conocida también bajo el nombre de Gran Cañón de Verdon. En el interior de Niza, hasta 700 m de altura (2296 ft), el salvaje río alpino se ha abierto camino entre la roca calcárea del macizo montañoso. En más de 21 km (13 mi) surca por un cañón cada vez más estrecho, hasta desembocar en la presa del Lago de Sainte-Croix.

Tra i più belli spettacoli naturali della Francia ci sono le Gole di Verdon in Alta Provenza, spesso soprannominate anche il Gran Canyon di Verdon. Il fiume alpino ha scavato tra i massicci di calcare alle spalle di Nizza raggiungendo profondità di 700 m (2296 ft). Queste acque calcaree scorrono per oltre 21 km (13 mi) tra i monti sempre più sottili del Canyon, fino a sfociare nel Lac de Sainte-Croix.

Een van de mooiste natuurwonderen van Frankrijk: de Gorges du Verdon, of Grand Canyon du Verdon, in de Haute-Provence. In het kalksteenmassief in het achterland van Nice heeft de rivier de Verdon tussen tot 700 m (2296 ft) hoge wanden een kloof uitgesleten. Over een afstand van 21 km (13 mi) perst het water zich door de almaar smallere canyon om uit te stromen in het meer van Sainte-Croix-du-Verdon.

◂
Parc naturel régional du Verdon, Alpes-de-Haute-Provence, Provence-Alpes-Côte d'Azur, France

▸▸
Massif des Trois-Évêchés (2818 m · 9245 ft), Alpes-de-Haute-Provence, Provence-Alpes-Côte d'Azur, France

Monte Viso

3841 m · 12602 ft

Cottian Alps · Alpes Cottiennes
Cottische Alpen · Alpi Cozie

Lac de Souliers (2492 m · 8176 ft), Parc naturel régional du Queyras, Hautes Alpes, Provence-Alpes-Côte d'Azur, France

Cottian Alps
The Cottian Alps extend from Col de Mont Cenis in the north to Col de Larche in the south. Named after the Cottius, the Prince of Liguria, who built an important trade route over this mountain range in the first century BCE. It connected what is now Turin in Piedmont with Vaipicum (now known as Gap in the French Hautes-Alpes department). Gap was named Alpine Town of the Year in 2002. The highest peak of the Cottian Alps is Monte Viso (3841 m · 12602 ft).

Alpes Cottiennes
Les alpes Cottiennes vont du Col du Montcenis au nord, jusqu'au Col de Larche au sud. Elles doivent leur nom au prince de Ligurie, Cottius, qui fit de la chaîne de montagnes une route commerciale très importante au 1er siècle av. J.-C. Cette route reliait l'actuelle ville piémontaise de Turin à Vaipicum, qui devint plus tard Gap (Hautes-Alpes), élue ville des Alpes de l'année en 2002. Le plus haut sommet des Alpes Cottiennes est le Mont Viso (3841 m · 12602 ft).

Cottische Alpen
Vom Col de Mont Cenis im Norden bis zum Col de Larche im Süden reichen die Cottischen Alpen. Benannt nach dem Ligurer-Fürsten Cottius, der im 1. Jahrhundert v. Chr. eine wichtige Handelsstraße über die Gebirgskette baute. Sie verband das heutige Turin im Piemont mit Vaipicum, dem späteren Gap (Hautes-Alpes), das 2002 zur Alpenstadt des Jahres gekürt wurde. Höchster Gipfel der Cottischen Alpen ist der Monte Viso (3841 m · 12602 ft).

Hautes Alpes, Provence-Alpes-Côte d'Azur, France

Alpes cocios

Los Alpes cocios se extienden desde Col de Mont Cenis en el norte hasta Col de Larche en el Sur. Deben su nombre al rey Marcus Julius Cottius, quien en el siglo I a.C., mandó construir una importante vía de comunicación que atravesase la cordillera. Unía la actual ciudad de Turín en el Piamonte con el Vaipicum, la posterior Gap (Altos Alpes), que en 2002 fue nombrada ciudad alpina del año. El pico más alto de los Alpes cocios es el Monte Viso (3841 m · 12602 ft).

Alpi Cozie

Le Alpi Cozie si estendono dal Colle del Moncenisio a nord fino al Colle della Maddalena a sud. Devono il loro nome al principe Cozio, che nel I secolo a.C. costruì un'importante via di comunicazione commerciale sulla catena montuosa. Essa collegava l'attuale Torino in Piemonte con Vaipicum, successivamente Gap (Alte Alpi), che nel 2002 è stata incoronata città alpina dell'anno. La cima più alta delle Alpi Cozie è il Monte Viso (3841 m · 12602 ft).

Cottische Alpen

De Cottische Alpen, het deel van de Alpen tussen de Col du Mont Cenis in het noorden en de Col de Larche in het zuiden, zijn genoemd naar de Ligurische koning Cottius, die in de 1ste eeuw n.C. een handelsweg over de bergketen liet aanleggen. De weg verbond het huidige Turijn in Piemonte met Vapincum, het latere Gap, de hoofdstad van Hautes-Alpes. De hoogste top van de Cottische Alpen is de Monte Viso (3841 m · 12602 ft).

►►
Crête de Taillante (3196 m · 10486 ft), Pain de Sucre (3208 m · 10525 ft), Hautes Alpes, Provence-Alpes-Côte d'Azur, France

Grinzane Cavour, Cuneo, Piemonte, Italia

◂◂
Lac des Prés Soubeyrand (2214 m · 7264 ft), Crête des Veyrés (3000 m · 9843 ft), Pointe de la Saume (3043 m · 9984 ft), Hautes Alpes, Provence-Alpes-Côte d'Azur, France

Lac de Roue (1854 m · 6083 ft), Arvieux, Hautes Alpes,
Provence-Alpes-Côte d'Azur, France

►►
Alpes cottiennes, Provence-Alpes-Cote de Azur, France/Alpi Cozie,
Piemonte, Italia

Barre des Écrins

4102 m · 13 458 ft

Dauphiné Alps · Alpes du Dauphiné
Dauphiné Alpen · Alpi del Delfinato

Gresse-en-Vercors, Vallée de la Gresse, Isère,
Auvergne-Rhône-Alpes, France

Dauphiné Alps
Snowy mountains, secluded valleys, crystal clear lakes, and pristine nature: the Dauphiné Alps are considered the most unspoiled part of the Alps. This is also helped by the spectacular peaks and glaciers found here, including the Barre des Écrins (4102 m · 13458 ft), the Meije (3983 m · 13068 ft), the Ailefroide (3954 m · 12972 ft), and Mont Pelvaux (3946 m · 12946 ft). Low-impact tourism activity, no cable cars, barely any transport connections. An idyll for mountain climbers and nature lovers.

Alpes du Dauphiné
Montagnes enneigées, vallées isolées, lacs limpides et nature vierge – les Alpes du Dauphiné sont considérées comme la partie la mieux préservée des Alpes. Les sommets et les glaciers spectaculaires du Massif des Écrins (4102 m · 13458 ft), la Meije (3983 m · 13068 ft), l'Ailefroide (3954 m · 12972 ft) et le Mont Pelvaux (3946 m · 12946 ft) contribuent également à cela. Un tourisme durable, sans remontées mécaniques, à peine desservi par le réseau routier. Un lieu de prédilection pour les alpinistes et les amoureux de la nature.

Dauphiné Alpen
Schneebedeckte Berge, abgeschiedene Täler, kristallklare Seen und unberührte Natur – die Dauphiné-Alpen gelten als die ursprünglichste Region der Alpen. Dazu tragen auch die spektakulären Gipfel und Gletscher der Barre des Écrins (4102 m · 13458 ft), der Meije (3983 m · 13068 ft), dem Ailefroide (3954 m · 12972 ft) und dem Mont Pelvaux (3946 m · 12946 ft) bei. Sanfter Tourismus ohne Seilbahnen, verkehrstechnisch kaum erschlossen. Ein Sehnsuchtsort für Hochalpinisten und Naturfreunde.

Alpes del Delfinado
Montañas cubiertas de nieve, valles aislados, lagos de agua cristalina y naturaleza en estado puro. Los Alpes del Delfinado se conocen como el origen de la región alpina. Contribuyen a ello los espectaculares picos y glaciares del Barre des Écrins (4102 m · 13458 ft), del Meije (3983 m · 13068 ft), del Ailefroide (3954 m · 12972 ft) y del Mont Pelvaux (3946 m · 12946 ft). Turismo sencillo, sin funiculares, sin medios de transporte, por explotar. Un lugar de ensueño para amantes de la naturaleza y alpinistas a los que les gustan los grandes retos.

Alpi del Delfinato
Montagne ricoperte di neve, valli solitarie, laghi cristallini e natura intatta: le Alpi del Delfinato sono considerate la regione più incontaminata delle Alpi. A questo contribuisce senza dubbio la presenza di vette spettacolari e dei ghiacciai di Barre des Écrins (4102 m · 13458 ft), di Meije (3983 m · 13068 ft), di Ailefroide (3954 m · 12972 ft) e del Monte Pelvoux (3946 m · 12946 ft). Un turismo responsabile che rinuncia alle funivie e con trasporti poco accessibili. Un luogo di nostalgia per gli alpinisti e gli amanti della natura.

Dauphiné Alpen
Door de met sneeuw bedekte bergen, geïsoleerde diepe dalen, kristalheldere meren en ongerepte natuur gelden de Dauphiné Alpen als het meest ongerepte deel van de Alpen. En niet alleen vanwege de spectaculaire toppen en gletsjers van de Barre des Écrins (4102 m · 13458 ft), de Meije (3983 m · 13068 ft), de Ailefroide (3954 m · 12972 ft) en de Mont Pelvaux (3946 m · 12946 ft). Vriendelijk toerisme, geen kabelbanen, verkeerstechnisch nauwelijks ontsloten. Een regio die bij alpinisten en natuurliefhebbers een hartstochtelijk verlangen oproept.

◂
Parc national des Écrins, Tête des Fétoules (3459 m · 11348 ft), Isère, Auvergne-Rhône-Alpes, France

▸▸
Aiguilles d'Arves (3514 m · 11529 ft), Savoie, France

Rocher du Baconnet (1808 m · 5931 ft), Vallée de la Gresse, Isère,
Auvergne-Rhône-Alpes, France

Ecrins, Alpes du Dauphiné, France

►►
Col du Galibier (2 642 m · 8 667 ft), Savoie/Hautes-Alpes, France

Massif des Écrins (4102 m · 13458 ft), Hautes-Alpes,
Provence-Alpes-Côte d'Azur, France

►
Vallée du Vénéon, Parc national des Écrins, Isère,
Auvergne-Rhône-Alpes, France

►►
Lac Guichard, Aiguilles d'Arves (3514 m · 11529 ft),
Savoie / Hautes-Alpes, Auvergne-Rhone-Alpes /
Provence-Alpes-Côte d'Azur, France

◄◄
Lac Tuckett, Mont Pelvoux (3946 m · 12946 ft), Haute-Alpes,
Provence-Alpes-Cote d'Azur, France

Alpes-du-Nord, Isère, Auvergne-Rhône-Alpes, France

Grande Tête de l'Obiou

2789 m · 9150 ft

Dauphiné Foothills · Préalpes du Dauphiné
Dauphiné Voralpen · Prealpi del Delfinato

Gresse-en-Vercors, Vallée de la Gresse, Auvergne-Rhône-Alpes, France

Dauphiné Foothills

The imposing star of the Dauphiné foothills is the Grande Tête de l'Obiou (2789 m · 9150 ft). It owes its distinctive shape to glacier erosions and the ravages of time that have worn away at the limestone leaving decorative patterns in their wake. Unlike the nearby Dauphiné Alps, the foothills do have extensive touristic infrastructure and provide a green refuge for nature lovers, hikers, mountaineers, and climbers.

Préalpes du Dauphiné

La Grande Tête de l'Obiou (2789 m · 9150 ft) est l'impressionnant symbole des Préalpes du Dauphiné. Elle doit sa forme caractéristique aux érosions glaciaires et au passage du temps, qui ont ainsi façonné la roche calcaire de façon décorative. Contrairement à la région voisine des Alpes du Dauphiné, les Préalpes sont touristiquement très développées – un refuge vert pour amoureux de la nature, randonneurs, alpinistes et grimpeurs.

Dauphiné Voralpen

Imposantes Wahrzeichen der Dauphiné Voralpen ist der Grande Tête de l'Obiou (2789 m · 9150 ft). Seine markante Form verdankt er Gletschererosionen und dem Zahn der Zeit, der das Kalkgestein dekorativ verwittern ließ. Anders als die angrenzende Region der Dauphiné Alpen sind die Voralpen touristisch gut erschlossen – ein grünes Refugium für Naturliebhaber, Wanderer, Bergsteiger und Kletterer.

Mont Aiguille (2087 m · 6847 ft), Isère, Auvergne-Rhône-Alpes, France

Prealpes del Delfinado

El imponente emblema de los Prealpes del Delfinado es la Grande Tête de l'Obiou (2789 m · 9150 ft). Debe sus peculiares formas a la erosión glaciar y al paso del tiempo que han desgastado la roca calcárea. A diferencia de la región limítrofe de los Alpes del Delfinado, los Prealpes están bien comunicados para el turismo. Se trata de un refugio verde para los amantes de la naturaleza, senderismo, montañismo y escalada.

Prealpi del Delfinato

Il simbolo più imponente delle Prealpi del Delfinato è la Grande Tête de l'Obiou (2789 m · 9150 ft). Deve la sua forma marcata ad un'erosione glaciale e la roccia calcarea l'ha resa quasi decorativa con il trascorrere del tempo. A differenza della regione confinante delle Alpi del Delfinato, le Prealpi sono molto ben collegate dal punto di vista turistico – un rifugio verde per gli amanti della natura, per escursionisti, arrampicatori e scalatori.

Dauphiné Voor-Alpen

Hét symbool van de Dauphiné Voor-Alpen is de Grande Tête de l'Obiou (2789 m · 9150 ft). Zijn markante vorm dankt de berg aan gletsjererosie en de tand des tijds, waardoor het kalkgesteente decoratief is verweerd. Anders dan de aangrenzende Dauphiné Alpen zijn de Voor-Alpen in de Dauphiné goed ontsloten en vormen ze een groen toevluchtsoord voor natuurliefhebbers, wandelaars en bergbeklimmers en kletteraars.

▸▸

Col de Rousset (1254 m · 4114 ft), Massif du Vercors (2341 m · 7680 ft), Drôme, Auvergne-Rhône-Alpes, France

Hauts-Plateaux du Vercors, Réserve naturelle nationale, Isère, Auvergne-Rhône-Alpes, France

►► Grande Roche Saint-Michel (1790 m · 5823 ft), Parc naturel régional du Vercors, Isère, Auvergne-Rhône-Alpes, France

Rocher du Vellan, La vallée de la Drôme, Parc naturel régional du Vercors, Auvergne-Rhône-Alpes, France

◂
Brantes, Mont Ventoux (1911 m · 6269 ft), Vaucluse, Provence-Alpes-Côte d'Azur, France

▸▸
Tête Chevalière (1951 m · 6401 ft), Parc naturel régional du Vercors, Auvergne-Rhône-Alpes, France

Parc naturel régional du Vercors, Auvergne-Rhône-Alpes, France

Mont Blanc · Monte Bianco

4792 m · 15 722 ft

Graian Alps · Alpes Graies · Grajische Alpen · Alpi Graie

Funivia dei Ghiacciai, Monte Bianco (Mont Blanc), Valle d'Aosta, Italia

Graian Alps

"King of the Alps:" a title that Mont Blanc (4792 m · 15722 ft) has truly earned. The highest peak in Western Europe is in the Graian Alps between France and Italy. Fascinating and dangerous at the same time. Its upper third is thickly wrapped in a mantle of ice and firn that extends far down into the valley on the north face. The south side is dominated by steep cliffs.

Alpes Graies

Le Mont-Blanc (4792 m · 15722 ft) mérite vraiment son surnom de «Roi des Alpes». Le plus haut sommet d'Europe occidentale est situé dans les Alpes Graies entre la France et l'Italie. Il est à la fois fascinant et dangereux. Son tiers supérieur est recouvert d'un épais manteau de glace et de névé qui au nord descend jusque dans la vallée. Le côté sud est dominé par des falaises abruptes.

Grajische Alpen

„König der Alpen". Diesen Titel hat sich der Mont Blanc (4792 m · 15722 ft) wahrlich verdient. Der höchste Gipfel Westeuropas liegt in den Grajischen Alpen zwischen Frankreich und Italien. Faszinierend und gefährlich zugleich. Sein oberes Drittel ist dick in einen Firn- und Eismantel eingepackt, der im Norden weit ins Tal hinunter reicht. Die Südseite wird von steilen Felswänden dominiert.

Glacier du Géant, Mer de Glace, Massif du Mont Blanc (4810 m · 15780 ft), Haute-Savoie, Auvergne-Rhône-Alpes, France

Alpes grayos

„Rey de los Alpes": El Mont-Blanc (4792 m · 15722 ft) se ha ganado este título a pulso. El pico más alto de Europa Oriental se encuentra en los Alpes grayos entre Francia e Italia. Es fascinante, pero peligroso. El tercio superior está completamente cubierto por un manto de hielo y nieve endurecida que llega hasta el final del valle por la ladera norte. Mientras que en la ladera sur dominan escarpadas paredes rocosas.

Alpi Graie

"Re delle Alpi". Un titolo che il Monte Bianco (4792 m · 15722 ft) merita a pieni voti. La cima più alta dell'Europa occidentale si trova sulle Alpi Graie tra la Francia e l'Italia. Affascinante e pericoloso allo stesso tempo. Un terzo della sua cima è composto da un mantello di neve e ghiaccio, che sul lato settentrionale si estende fino alla valle. Il lato meridionale invece è dominato da ripide pareti rocciose.

Grajische Alpen

'Koning der Alpen'. Een terecht verdiende bijnaam voor de Mont Blanc (4792 m · 15722 ft). De hoogste top van West-Europa ligt in de Grajische Alpen tussen Frankrijk en Italië. Fascinerend en gevaarlijk tegelijk. Het bovenste derde deel is bedekt met een dikke laag eeuwige sneeuw en ijs, die in het noorden tot diep in het dal reikt. Karakteristiek voor de zuidwand zijn de steile rotswanden.

►►
Punta Helbronner, Monte Bianco, Courmayeur, Valle d'Aosta, Italia

Les Drus, (3754 m · 12316 ft, Grand Dru), Massif du Mont Blanc,
Haute-Savoie, Auvergne-Rhône-Alpes, France

◂
Ciarforon (3642 m · 11949 ft), Valle d'Aosta, Piemonte, Italia

◂◂
Mont Blanc (4810 m · 15780 ft), Haute-Savoie,
Auvergne-Rhône-Alpes, France

▸▸
Grandes Jorasses (4208 m · 13806 ft), Massif du Mont Blanc,
Haute-Savoie, France / Valle d'Aosta, Italia

Mont Blanc (Monte Bianco) (4810 m · 15780 ft), Haute-Savoie,
Auvergne-Rhône-Alpes, France

The thirty glaciers in the Mont Blanc massif offer spectacular natural scenery. Huge masses of ice form "Europe's roof," and are full of crevices and caves that attract many researchers and mountaineers alike each year.

Les 30 glaciers du massif du Mont-Blanc forment un décor naturel spectaculaire. D'énormes masses de glace sur le toit de l'Europe, avec des fissures et des grottes, qui attirent chaque année aussi bien des chercheurs que des alpinistes.

Ein spektakuläres Naturschauspiel sind die 30 Gletscher im Mont-Blanc-Massiv. Riesige Eismassen auf dem Dach Europas mit Spalten und Höhlen, die alljährlich Forscher und Alpinisten gleichermaßen in ihren Bann ziehen.

Glacier, Massif du Mont Blanc, Haute-Savoie, Auvergne-Rhône-Alpes, France / Valdigne Mont Blanc, Valle d'Aosta, Italia

Los 30 glaciares del macizo del Mont-Blanc son un verdadero espectáculo de la naturaleza. Se trata de enormes placas de hielo sobre el techo de Europa con grietas y cuevas que atraen, tanto a investigadores como a alpinistas cada año, por igual.

I 30 ghiacciai sul Monte Bianco sono uno spettacolo naturale incredibile. Enormi masse di ghiaccio sul tetto d'Europa ricche di cavità e caverne, che affascinano per tutto l'anno studiosi e alpinisti.

Een spectaculair schouwspel vormen de dertig gletsjers in het Mont Blancmassief. Gigantische ijsmassa's op het dak van Europa met fascinerende spleten en spelonken die elk jaar zowel natuuronderzoekers als alpinisten trekken.

►► Monte Bianco (Mont Blanc) (4810 m · 15780 ft), Valle d'Aosta, Italia

Plan du Lac, Grande Casse (3855 m · 12648 ft), Parc national de la Vanoise, Savoie, Auvergne-Rhône-Alpes, France

◂ Lago Grigio, Gran Assaly (3174 m · 10413 ft), Valle d'Aosta, Italia

Gimillian, Gran Paradiso (4061 m · 13323 ft), Valle d'Aosta, Italia

◂◂
Grande Casse (3855 m · 12648 ft), Parc national de la Vanoise, Haute-Savoie, Auvergne-Rhône-Alpes, France

▸
Vallone di Malatra, Grandes Jorasses (4208 m · 13805 ft), Valle d'Aosta, Italia

Haute Cime
3528 m · 11575 ft

Savoy Foothills · Préalpes de Savoie
Savoyer Voralpen · Prealpi di Savoia

Dents de Lanfon (1824 m · 5984 ft), Haute-Savoie, Auvergne-Rhône-Alpes, France

Savoy Foothills

The Savoy foothills are a diverse lot with six mountain ranges including the Massif des Bornes. Twenty peaks higher than 2000 m (6561 ft) attract active travelers year-round. The highest is Haute Cime (3528 m · 11575 ft) in the Dents du Midi range, while the Tournette (2351 m · 7713 ft) located at the foot of the turquoise Lac d'Annecy offers one of the most beautiful panoramic views.

Préalpes de Savoie

La diversité est la marque distinctive des Préalpes de Savoie qui comprennent six chaînes de montagnes, dont le Massif des Bornes. 20 hauts sommets de plus de 2000 m (6561 ft) attirent des vacanciers actifs tout au long de l'année. Le plus haut sommet est la Haute Cime (3528 m · 11575 ft) dans le massif des Dents du Midi. La Tournette (2351 m · 7713 ft), avec le lac turquoise d'Annecy à ses pieds, offre l'une des plus belles vues panoramiques.

Savoyer Voralpen

Vielfalt ist das Markenzeichen der Savoyer Voralpen, die sechs Gebirgsstöcke umfassen, darunter das Massif des Bornes. 20 über 2000 m (6562 ft) hohe Gipfel ziehen rund ums Jahr Aktivurlauber an. Höchster Berg ist der Haute Cime (3528 m · 11575 ft) in der Gebirgskette Dents du Midi. Einen der schönsten Panoramablicke bietet die Tournette (2351 m · 7713 ft), zu deren Füßen der türkisblaue Lac d'Annecey liegt.

La Tournette (2351 m · 7713 ft), Massif des Bornes, Haute-Savoie, Auvergne-Rhône-Alpes, France

Prealpes de Saboya

La diversidad es la seña de identidad de los Prealpes de Saboya que cuentan con seis macizos, entre ellos el Massif des Bornes. Veinte cumbres de más de 2000 m (6561 ft) de altura atraen a amantes del turismo activo durante todo el año. La montaña más alta es el Haute Cime (3528 m · 11575 ft) en la cordillera Dents du Midi. La Tournette (2351 m · 7713 ft), a cuyos pies se encuentra el Lago d'Annecy de color azul turquesa, ofrece una de las vistas panorámicas más bellas del sistema.

Prealpi di Savoia

Le Prealpi di Savoia si contraddistinguono per la varietà paesaggistica con la presenza di sei massicci montuosi e delle sottostanti Prealpi dei Bornes. Ben 20 vette oltre i 2000 m (6561 ft) attirano per tutto l'anno gli appassionati di vacanza all'insegna dell'attività fisica. Il monte più alto è la Haute Cime (3528 m · 11575 ft) nella catena montuosa dei Dents du Midi. Tra i panorami più belli c'è quello offerto dalla Tournette (2351 m · 7713 ft), ai cui piedi si trova il Lago di Annecy con le sue meravigliose acque turchesi.

Savoyse Voor-Alpen

Veelzijdigheid is het beeldmerk van de Savoyse Voor-Alpen, dat uit zes bergmassieven bestaat, waaronder het Massif des Bornes. Twintig meer dan 2000 m (6561 ft) hoge toppen trekken het hele jaar rond liefhebbers van actieve vakanties aan. De hoogste berg is de Haute Cime (3528 m · 11575 ft) in het massief van de Dents du Midi. Een van de moiste vergezichten biedt de Tournette (2351 m · 7713 ft), aan de voet waarvan het turkooisblauwe Meer van Annecy ligt.

►►
Lac Blanc, Aiguilles de Chamonix, Haute-Savoie, Auvergne-Rhône-Alpes, France

Massif des Bornes (2438 m · 7998 ft), Haute-Savoie, Auvergne-Rhône-Alpes, France

◂◂
Chaîne du Bargy, Haute-Savoie, Auvergne-Rhône-Alpes, France

Dufourspitze

4 634 m · 15 203 ft

Pennine Alps · Alpes Pennines
Pennische Alpen · Alpi Pennine

Liskamm (4545 m · 14 911 ft), Wallis, Schweiz

Pennine Alps
Record holders: the Pennine Alps, also known as the Valais Alps, have the most glaciation and the most peaks over 4000 m (13 123 ft) of all the Alpine ranges. There is almost 4400 m (14 435 ft) difference between the highest peak, the Dufourspitze (4634 m · 15 203 ft), and the region's lowest point in the Piedmont. Another record: the Alta Valsesia Nature Park is the highest park in Europe.

Alpes Pennines
Détenteur de records, le massif des Alpes Pennines – également connu sous le nom d'Alpes valaisannes – a les glaciations les plus importantes, et comprend la plupart des plus hauts sommets des Alpes. Entre le plus haut sommet, la Pointe Dufour (4634 m · 15 203 ft), et le point le plus bas dans le Piémont, il y a presque 4400 m (14 435 ft) de différence de hauteur. Un autre record : le Parc naturel Alta Valsesia est le parc le plus haut d'Europe.

Pennische Alpen
Rekordhalter. Die Gebirgsgruppe der Pennischen Alpen, auch Walliser Alpen genannt, hat die größten Vergletscherungen und die meisten Viertausender aller Alpengruppen. Zwischen dem höchsten Gipfel, der Dufourspitze (4634 m · 15 203 ft), und dem tiefsten Punkt im Piemont liegen fast 4400 m (14 436 ft) Höhenunterschied. Noch ein Rekord: Der Naturpark Alta Valsesia ist der höchstgelegene Park Europas.

Alpes peninos
Alpes con récord. La cordillera de los Alpes peninos, también conocidos como los Alpes del Valais, cuenta con el mayor número de glaciares y montañas de 4000 m (13 123 ft) de altura. Casi 4400 m (14 435 ft) de altura separan el punto más alto, el Pico Dufour (4634 m · 15 203 ft) del punto más bajo en el Piamonte. Otro récord adicional: el Parque Natural Alta Valsesia es el parque más alto de Europa.

Alpi Pennine
Territorio da record. Il gruppo montuoso delle Alpi Pennine, dette anche Alpi del Vallese, possiede i complessi glaciali più vasti e il maggior numero di vette alpine che supera i 4000 m (13 123 ft). Tra la Punta Dufour, la vetta più alta (4634 m · 15 203 ft) e il punto più basso in Piemonte, c'è una differenza di quasi 4400 m (14 435 ft). Un altro record: Il parco naturale Alta Valsesia è l'area protetta più alta d'Europa.

Walliser Alpen
Recordhouder. Van alle Alpenmassieven telt het massief van de Walliser of Pennische Alpen het grootste aantal gletsjers en het grootste aantal vierduizenders. Het hoogteverschil tussen de hoogste top, de Dufourspitze (4634 m · 15 203 ft), en het laagste punt in Piemonte bedraagt bijna 4400 m (14 435 ft). Nog een record: het natuurpark Alta Valsesia is het hoogstgelegen park van Europa.

◂
Stellisee, Matterhorn (4478 m · 14 692 ft), Wallis, Schweiz

▸▸
Liskamm (4527 m · 14 852 ft), Wallis, Schweiz

Grand Combin (4314 m · 14154 ft), Valais, Suisse/Wallis, Schweiz

Mystical, majestic, striking: the Matterhorn (4478 m · 14692 ft). This towering giant among many others has become emblematic of Switzerland, even if it is not its highest peak. It exercises an attraction that is difficult to escape.

Místico, majestuoso, notable: el Matterhorn (4478 m · 14692 ft). Es la montaña entre las montañas, el emblema suizo por excelencia. Aunque no sea el pico más alto de la Confederación resulta difícil escapar a su magnetismo.

Mystique, majestueux, frappant : le Cervin (4478 m · 14692 ft). La montagne des montagnes est l'emblème de la Suisse, même si elle n'est pas le plus haut sommet des confédérés. On échappe difficilement à sa fascination.

Mistico, maestoso, caratteristico: il Cervino (4478 m · 14692 ft). La Montagna con la M maiuscola è il simbolo della Svizzera, nonostante non abbia la vetta più alta della vecchia confederazione. Ma è difficile resistere al suo fascino.

Mystisch, majestätisch, markant: das Matterhorn (4478 m · 14692 ft). Der Berg der Berge ist das Wahrzeichen der Schweiz, auch wenn er nicht der höchste Gipfel der Eidgenossen ist. Seiner Faszination kann man sich nur schwer entziehen.

Mystiek, majesteitelijk, markant: de Matterhorn (4478 m · 14692 ft). De berg der bergen is het symbool van Zwitserland, ook al is hij niet de hoogste berg van het Alpenland. Het is bijna onmogelijk om niet van deze berg in de ban te raken!

◂
Mischabel (4545 m · 14911 ft), Wallis, Schweiz

◂◂
Parco naturale del Mont Avic, Valle d'Aosta, Italia

▸▸
Stellisee, Matterhorn (4478 m · 14691 ft), Wallis, Schweiz

Monte Leone
3553 m · 11657 ft

Lepontine Alps · Alpes Lépontines
Lepontinische Alpen · Alpi Lepontine

Tremolastraße, Gotthardpass (2106 m · 6909 ft), Tessin, Schweiz/Ticino, Svizzera

Lepontine Alps

102 passes cross the Lepontine Alps between the Simplon Pass in the west and the Splügen Pass in the east. The Swiss-Italian border runs along the summit of Monte Leone (3553 m · 11657 ft), the highest mountain in the region. Among the best known passes are the San Bernardino and the Gotthard. The Tremola on the southern flank of the Gotthard runs down into the valley. The cobbled highway is considered the longest historic structure in Switzerland.

Alpes Lépontines

102 cols traversent les Alpes lépontines du col du Simplon à l'ouest, au col du Slügen à l'est. La frontière entre la Suisse et l'Italie est située au-dessus du sommet du Monte Leone, le plus haut sommet de cette région avec 3553 m (11657 ft). Le col de San Bernardino et celui du Gothard sont parmi les plus connus. Sur le flanc sud du Gothard, la Tremola mène dans la vallée. La route pavée est considérée comme le plus long monument historique suisse.

Lepontinische Alpen

102 Pässe führen über die Lepontinischen Alpen zwischen Simplonpass im Westen und Splügenpass im Osten. Über den Gipfel des Monte Leone, mit 3553 m (11657 ft) der höchste Berg dieser Region, verläuft die Grenze zwischen der Schweiz und Italien. Zu den bekanntesten Pässen zählen der San Bernardino und der Gotthardpass. An der Südflanke des Gotthard führt die Tremola hinunter ins Tal. Die kopfsteingepflasterte Straße gilt als das längste Baudenkmal der Schweiz.

Alpes lepontinos

Ciento dos puertos nos llevan hacia los Alpes lepontinos que se encuentran entre el Puerto del Simplón al oeste y el Puerto del Spluga al este. La cima del Monte Leone, con 3553 m (11657 ft) de altura la montaña más alta de esta región, constituye la frontera entre Suiza e Italia. El Puerto de San Bernardino y el Puerto de San Gotardo son dos de sus puertos más conocidos. A través de la ladera sur del Gotardo se puede acceder por la Vía Tremola hasta el valle. Esta vía adoquinada es una de las construcciones más antiguas de Suiza.

Alpi Lepontine

102 passi per attraversare le Alpi Lepontine tra il passo del Sempione ad ovest e il passo dello Spluga a est. Il confine tra l'Italia e la Svizzera si trova sulla cima del Monte Leone, che con i suoi 3553 m (11657 ft) è la montagna più alta della regione. Tra i valichi più famosi ricordiamo quello del San Bernardino e quello del San Gottardo. La strada della Tremola comincia dalla sponda meridionale del passo del San Gottardo e porta fino a valle. La strada acciottolata rappresenta il più lungo monumento viario della Svizzera.

Lepontische Alpen

Er liggen 102 passen over de Lepontische Alpen tussen de Simplonpas in het westen en de Splügenpas in het oosten. Over de top van de Monte Leone, met 3553 m (11657 ft) de hoogste berg in het massief, loopt de grens tussen Zwitserland en Italie. Tot de bekendste passen horen die over de San Bernardino en de Gotthard. Over de zuidhelling van de Gotthard voert de oude Via Tremola omlaag het dal in. De met klinkertjes geplaveide weg is het langste historische monument van Zwitserland.

►

Monte Leone (3552 m · 11654 ft), Parco naturale dell'Alpe Veglia e dell'Alpe Devero, Piemonte, Italia

►►

Gerenpass (2691 m · 8828 ft), Tessin, Schweiz/Ticino, Svizzera

Pian du Scricc
0.10

Lago di Montespluga, Lombardia, Italia

◂◂
Val Formazza, Monte Leone (3552 m · 11653 ft),
Verbano-Cusio-Ossola, Piemonte, Italia

Monte Gambarogno (1734 m · 5689 ft), Lago Maggiore, Tessin, Schweiz / Ticino, Svizzera

►►
Lago di Laiozz, Cresta del Coro (2814 m · 9232 ft), Tessin, Schweiz / Ticino, Svizzera

Small turquoise splashes of color amidst a wildly romantic landscape, gentians, crocuses, and sometimes even rhododendrons in bloom on the banks. Crystal-clear reflections of the magnificent mountains surrounding. Hard to decide which lake is the most romantic in Ticino.

De petites touches de couleur turquoise au milieu d'un paysage sauvage et romantique, sur les rives duquel fleurissent des gentianes, des crocus et parfois aussi des rhododendrons. Miroirs cristallins des montagnes magnifiques. Difficile de décider quel lac du Tessin est le plus romantique.

Kleine türkisblaue Farbtupfer inmitten einer wildromantischen Landschaft, an deren Ufer Enziane, Krokusse und bisweilen auch Rhododendren blühen. Kristallklare Spiegel für die grandiose Bergwelt. Schwer zu entscheiden, welcher Bergsee der romantischste im Tessin ist.

Los lagos parecen lunares de color azul turquesa que decoran el bucólico paisaje, a cuyas orillas florecen gencianas, crocos y hasta ahora incluso rododendros. Es el espejo del alma de este grandioso mundo montañoso. Determinar cuál de ellos es el más romántico del Tesino es una tarea difícil.

Piccole macchie turchesi in mezzo ad un paesaggio romantico, dove fioriscono genziane, crocus e talvolta anche rododendri. Uno specchio cristallino tra questi monti grandiosi. È dura scegliere quale sia il laghetto più romantico del Canton Ticino.

Een klein turkooisblauw kleuraccent midden in een wildromantisch landschap, op de oever waarvan gentianen, krokussen en zo nu en dan ook rododendrons bloeien. In het kristalheldere weerspiegelt de grandioze bergwereld. Moeilijk te zeggen welk bergmeer in Ticino het meest romantisch is.

◂
Laghetto delle Pigne, Tessin, Schweiz / Ticino, Svizzera

Pizzo di Gino

2 245 m · 7365 ft

Lugano Foothills · Préalpes de Lugano
Luganer Voralpen · Prealpi Luganesi

Monte Generoso (1704 m · 5591 ft), Ticino, Svizzera (Tessin, Schweiz)/Lombardia, Italia

Lugano Foothills

Unique landscape dotted with lakes: the Lugano Foothills. The chain runs from Lake Como to Lake Lugano, with the highest being the Pizzo di Gino (2245 m · 7365 ft). Lake Lugano meanders like a fjord south of the Alpine ridge through the imposing mountain landscape between Ticino and Lombardy. It was created millions of years ago by the melting of ice age glaciers. Together with Lago Maggiore and Lake Como, a vacation paradise with Mediterranean flair.

Préalpes de Lugano

Paysage de lacs unique : les Préalpes de Lugano. La chaîne de montagnes, dont le plus haut sommet est le Pizzo di Gino (2245 m · 7365 ft), s'étire du lac de Côme au lac de Lugano. Tel un fjord, le lac de Lugano serpente au sud de la crête alpine à travers le paysage de montagne imposant, entre le Tessin et la Lombardie. Il est le résultat de la fonte des glaciers de l'ère glaciaire, il y a de cela des millions d'années. Avec le lac Majeur et le lac de Côme, un paradis des vacances avec une touche méditerranéenne.

Luganer Voralpen

Einzigartige Seenlandschaft: die Luganer Voralpen. Vom Comer See bis zum Luganer See zieht sich die Gipfelkette, deren höchster Berg der Pizzo di Gino (2245 m · 7365 ft) ist. Wie ein Fjord schlängelt sich der Luganer See südlich des Alpenkamms durch die imposante Bergkulisse zwischen dem Tessin und der Lombardei. Entstanden vor Millionen Jahren nach dem Abschmelzen eiszeitlicher Gletscher. Gemeinsam mit dem Lago Maggiore und dem Comer See ein Urlaubsparadies mit mediterranem Flair.

Prealpes de Lugano

Paisaje de lagos sin igual: Los Prealpes de Lugano, la cordillera cuya cima más alta es el Pizzo di Gino (2245 m · 7365 ft), se extiende desde el Lago de Como hasta el Lago de Lugano. Como si se tratase de un fiordo, el Lago de Lugano surca al sur del cerro alpino, las imponentes columnas montañosas que dividen el Tesino de Lombardía. Su formación ocurrió hace millones de años tras el deshielo de los glaciares. Junto con el Lago Maggiore y el Lago de Como constituye un paraíso vacacional con aire mediterráneo.

Prealpi Luganesi

Un paesaggio unico: le Prealpi Luganesi. La catena montuosa si estende dal lago di Como fino quello di Lugano, e la sua montagna più alta è Pizzo di Gino (2245 m · 7365 ft). Il lago di Lugano si fa strada come un fiordo tra i monti, attraversando i passaggi montuosi più imponenti tra il Canton Ticino e la Lombardia. Le sue origini risalgono a milioni di anni fa con lo scioglimento di alcun ghiacciai. Insieme al lago Maggiore e al lago di Como rappresenta una meta da sogno per una vacanza dal sapore mediterraneo.

Lugano Voor-Alpen

Een uniek merenlandschap: de Lugano Voor-Alpen. Van het Comomeer tot het Meer van Lugano rijgen de toppen zich aaneen, met de Pizzo di Gino (2245 m · 7365 ft) als hoogste. Als een fjord kronkelt het Meer van Lugano zich ten zuiden van de Alpenboog door het imposante bergdecor tussen Ticino en Lombardije. Het is miljoenen jaren geleden ontstaan toen na de laatste ijstijd de gletsjers smolten. Samen met het Lago Maggiore en het Comomeer een vakantieparadijs met mediterrane flair.

◂
Lago di Lugano, Ticino, Svizzera (Tessin, Schweiz)/Lombardia, Italia

▸▸
Varenna, Lago di Como, Lombardia, Italia

Menaggio, Lago di Como, Lombardia, Italia

Lago di Como, Lombardia, Italia

►►
Carona, Lago di Lugano, Ticino, Svizzera / Tessin, Schweiz

Finsteraarhorn

4274 m · 14022 ft

Bernese Alps · Alpes bernoises
Berner Alpen · Alpi Bernesi

Finsteraarhorn (4274 m · 14022 ft), Berner Oberland, Kanton Bern, Schweiz

Bernese Alps
A region of superlatives: the Bernese Alps are one of the largest ranges in the Alps, home to the two largest glaciers (Aletsch and Fiescher), and three of the most famous peaks (Eiger, Mönch, and Jungfrau). And yet you can still find spots of almost untouched nature. Eight have even been listed in the Swiss government's inventory of nationally significant landscapes.

Alpes bernoises
Une région de superlatifs : les Alpes bernoises sont l'un des plus grands massifs des Alpes, ils comprennent les deux plus grands glaciers (Aletsch et Fieschergletscher) et la célèbre triade (Eiger, Mönch et Jungfrau). Et pourtant on y trouve une nature demeurée pratiquement intacte. Huit d'entre eux sont inscrits à «l'Inventaire fédéral des paysages, sites et monuments naturels» suisses.

Berner Alpen
Eine Region der Superlative: Die Berner Alpen gehören zu den größten Bergmassiven der Alpen, haben die beiden größten Gletscher (Aletsch- und Fieschergletscher) und das bekannteste Gipfel-Dreigestirn (Eiger, Mönch und Jungfrau). Und trotzdem findet man dort noch fast unberührte Flecken Natur. Acht davon gehören zum Schweizer „Bundesinventar der Landschaften und Naturdenkmäler von nationaler Bedeutung."

Alpes berneses
Una región superlativa: Los Alpes berneses pertenecen a los macizos montañosos más grandes de los Alpes. Cuentan con dos de los glaciares más grandes (el Aletsch y el Fiescher) y con la trilogía alpina más conocida: los picos Eiger, Mönch y Jungfrau. Aún con toda la afluencia de visitantes, seguimos encontrando reductos de naturaleza virgen. Ocho de ellos pertenecen al „Bundesinventar der Landschaften und Naturdenkmäler von nationaler Bedeutung" (Inventario suizo de paisajes y monumentos naturales de interés nacional).

Alpi Bernesi
La regione dei superlativi: Le Alpi Bernesi fanno parte dei massicci montuosi più grandi delle Alpi, con i due ghiacciai più estesi (ghiacciaio dell'Aletsch e ghiacciaio di Fiesch) e le famose cime della triade (Eiger, Mönch e Jungfrau). Nonostante ciò è ancora possibile trovare borghi nella natura praticamente incontaminata. Otto di questi appartengono all'inventario svizzero dei "Paesaggi e monumenti naturali d'importanza nazionale."

Berner Alpen
Een regio van superlatieven: de Berner Alpen behoren tot de grootste bergmassieven van de Alpen, herbergen de twee grootste gletsjers (Aletsch- en Fieschergletscher) en het bekendste bergtrio van Zwitserland (Eiger, Mönch en Jungfrau). En desondanks is er nog altijd nagenoeg ongerepte natuur. Acht natuurgebieden in de bergketen hebben de status van beschermd landschap van nationale betekenis.

◂
Blüemlisalp (3661 m · 12011 ft), Berner Oberland, Kanton Bern, Schweiz

▸▸
Oberaarsee, Oberaargletscher, Oberaarhorn (3638 m · 11936 ft), Kanton Bern, Schweiz

Göscheneralpsee, Dammastock (3630 m · 11910 ft), Kanton Uri, Schweiz

◂
Eigernordwand, Eiger (3970 m · 13020 ft), Berner Oberland, Kanton Bern, Schweiz

◂◂
Oberberghorn (2069 m · 6788 ft), Eiger (3970 m · 13025 ft), Mönch (4107 m · 13474 ft), Jungfrau (4158 m · 13642 ft), Berner Oberland, Kanton Bern, Schweiz

▸▸
Großen Scheidegg, Eiger (3970m · 13025 ft), Berner Oberland, Kanton Bern, Schweiz

Fulensee, Erstfeldertal, Oberseemandli (2228 m · 7310 ft), Kanton Uri, Schweiz

The Niederhorn Panorama Trail in the Bernese Oberland is one of Switzerland's most beautiful hiking trails. It's no wonder, given the magnificent views of the majestic peaks of the Eiger (3970 m · 13025 ft), the Mönch (4107 m · 13474 ft), and the Jungfrau (4158 m · 13642 ft).

La route panoramique Niederhorn dans l'Oberland bernois est l'un des plus beaux sentiers de randonnée de la Suisse. Cela n'a rien étonnant avec une telle vue sur les sommets majestueux de l'Eiger (3970 m · 13025 ft), du Mönch (4107 m · 13474 ft) et la Jungfrau (4158 m · 13642 ft).

Der Niederhorn Panoramaweg im Berner Oberland gilt als einer der schönsten Wanderwege der Schweiz. Kein Wunder bei der grandiosen Aussicht auf die beeindruckenden Gipfel von Eiger (3970 m · 13025 ft), Mönch (4107 m · 13474 ft) und Jungfrau (4158 m · 13642 ft).

Eiger (3970 m · 13 025 ft), Mönch (4107 m · 13 474 ft), Jungfrau (4158 m · 13 642 ft), Berner Oberland, Kanton Bern, Schweiz

El camino panorámico del Niederhorn en el Oberland bernés pertenece a uno de los pasajes más bellos de Suiza. No es de extrañar teniendo en cuenta las espectaculares vistas que se pueden disfrutar de los impresionantes picos Eiger (3970 m · 13 025 ft), Mönch (4107 m · 13 474 ft) y Jungfrau (4158 m · 13 642 ft).

Il sentiero panoramico da Niederhorn nell'Oberland bernese è considerato uno dei sentieri più belli della Svizzera. Non c'è dunque da meravigliarsi del favoloso panorama sulle impressionanti cime di Eiger (3970 m · 13 025 ft), Mönch (4107 m · 13 474 ft) e Jungfrau (4158 m · 13 642 ft).

De Niederhorn Panoramaweg in Berner Oberland geldt als een van de mooiste wandelroutes van Zwitserland. Geen wonder, gezien het grandioze uitzicht op de indrukwekkende toppen van de Eiger (3970 m · 13 025 ft), Mönch (4107 m · 13 474 ft) en Jungfrau (4158 m · 13 642 ft).

Tödi

3 614 m · 11 857 ft

Glarus Alps · Alpes glaronnaises
Glarner Alpen · Alpi Glaronesi

Urnersee, Gitschen (2448 m · 8032 ft), Uri Rotstock (2928 m · 9606 ft), Kanton Uri, Schweiz

Glarus Alps

In late spring and summer, the Glarus Alps don a rich green garb with colorful floral swatches of Alpine roses to burnet. Nature doesn't stop from showing off its splendor even above the treeline. With strikingly large flowers and bright colors, the diverse alpine plants are a real pleasure to those hiking the mountains and offer a diverse diet to the region's countless animals.

Alpes glaronnaises

À la fin du printemps et en été, les Alpes glaronnaises se parent d'un riche manteau vert, parsemé de fleurs de toutes les couleurs – des roses alpines aux sanguisorbas. Même au-dessus de la limite de la forêt, la nature se montre très abondante. Avec ses fleurs étonnamment grandes et des couleurs vives, la diversité des plantes alpines plait aux randonneurs et est à la fois habitat et source de nourriture pour de nombreux animaux.

Glarner Alpen

Im späten Frühling und Sommer kleiden sich die Glarner Alpen in einen sattgrünen Mantel mit bunten Blumentupfern – von Alpenröschen bis Wiesenknopf. Auch oberhalb der Baumgrenze zeigt sich die Natur jetzt von ihrer üppigsten Seite. Mit ihren auffällig großen Blüten und kräftigen Farben erfreut die alpine Pflanzenvielfalt den Wanderer und bietet Lebens- und Nahrungsraum für unzählige Tiere.

Alpes de Glaris

A finales de la primavera e inicios del verano, los Alpes de Glaris se visten de un verde intenso con flores que imprimen notas de color, desde laureles rosas hasta pimpinelas. Incluso por encima de la vegetación arbórea la naturaleza muestra su lado más lozano. Con sus llamativos pétalos e intenso colorido, la diversidad de la flora alpina infunde alegría a los senderistas, y sirve de hábitat y fuente de alimento a un infinito número de animales.

Alpi Glaronesi

In tarda primavera e in estate le Alpi Glaronesi si vestono di un mantello verde fiorito e colorato molto vario: dalle rose alpine ai sanguisorba. Superando i limiti della vegetazione, la natura si mostra nel suo lato più folto. Questa varietà vegetale rappresenta la gioia di tanti escursionisti grazie ai fiori e ai colori forti e offre spazio vitale e nutrimento a innumerevoli animali.

Glarner Alpen

In het late voorjaar en de zomer tooien de Glarner Alpen zich met een diepdonkergroen kleed met bloeiende bloemen als felle kleuraccenten – van alpenroosjes tot pimpernel. Ook boven de boomgrens laat de natuur zich nu van zijn betoverendste kant zien. Met grote bloemen en sprekende kleuren is de alpiene plantenrijkdom een lust voor het oog van de wandelaar en een leef- en voedselomgeving voor ontelbaar veel dieren.

◂ Sustenpass, Wendenstöcke (3042 m · 9980 ft), Kantone Uri und Bern, Schweiz

▸▸ Ortstock (2717 m · 8914 ft), Tödi (3614 m · 11857 ft), Glarner Alpen, Kantone Glarus/Schwyz, Schweiz

Gadmertal, Berner Oberland, Kanton Bern, Schweiz

◂◂
Alpsteinmassiv, Appenzeller Alpen, Kantone St. Gallen/Appenzell Innerrhoden/Appenzell Ausserhoden, Schweiz

Freiberg Kärpf (2794 m · 9167 ft), Kanton Glarus, Schweiz

►► Grünhornhütte, Kanton Glarus, Schweiz

Glärnisch (2914 m · 9560 ft), Glarner Alpen,
Kanton Glarus, Schweiz

Schilthorn

2970 m · 9744 ft

Swiss Foothills · Préalpes suisses
Schweizer Voralpen · Prealpi Svizzere

Brienzersee, Berner Oberland, Kanton Bern, Schweiz

Swiss Foothills

Drawing in the crowds year-round: the Schilthorn (2970 m · 9744 ft), the highest peak in the Bernese Foothills, topped off with a revolving restaurant offering 360° panoramic views of the mountains. Stunning views all the way over to the Mont Blanc massif. The vacation areas down in the valley also have much to offer. Surrounded by steep mountain slopes, the turquoise Lake Brienz in the Bernese Oberland. Like its neighboring Lake Thun, it has been a tourism hot spot for decades.

Préalpes suisses

Un succès auprès du public toute l'année : le Schilthorn (2970 m · 9744 ft), le plus haut sommet dans les Préalpes bernoises, que vient couronner un restaurant tournant à 360° avec vue panoramique sur la montagne. Une vue imprenable sur le massif du Mont-Blanc. Même dans la vallée, la région de vacances a beaucoup à offrir. Les eaux turquoise du lac de Brienz, dans l'Oberland bernois, sont entourées de pentes raides. C'est depuis des siècles un haut lieu touristique, tout comme son voisin, le lac de Thoune.

Schweizer Voralpen

Rund ums Jahr ein Publikumsmagnet: das Schilthorn (2970 m · 9744 ft), höchster Gipfel der Berner Voralpen, den ein Drehrestaurant mit 360° Bergpanorama krönt. Atemberaubende Aussicht bis zum Mont-Blanc-Massiv. Auch im Tal hat die Ferienregion viel zu bieten. Umsäumt von steilen Berghängen liegt der türkisgrüne Brienzersee im Berner Oberland. Ebenso wie der benachbarte Thunersee gehört er seit Jahrzehnten zu den touristischen Hot Spots.

Thuner See, Berner Oberland, Kanton Bern, Schweiz

Prealpes suizos

Un imán para visitantes durante todo el año: El Schilthorn (2970 m · 9744 ft), el pico más alto de los Prealpes berneses, coronado por un restaurante giratorio con vistas panorámicas de 360°. Un verdadero placer para los sentidos, ya que desde allí se llega incluso a ver el macizo del Mont-Blanc. Esta región turística también tiene mucho que ofrecer en el valle. Rodeado por escarpadas laderas nos topamos con el Lago de Brienz de aguas verde turquesas en el Oberland bernés. Al igual que su vecino Lago de Thun, pertenece a los lugares turísticos más visitados desde hace décadas.

Prealpi Svizzere

Meta amatissima per tutto l'anno: lo Schilthorn (2970 m · 9744 ft) è la montagna più alta delle Prealpi Svizzere. Sulla vetta sorge un ristorante panoramico rotante che offre una vista a 360° sui monti. Vista mozzafiato fino al Monte Bianco. La regione turistica ha molto da offrire anche a valle. Tra le ripide montagne dell'Oberland bernese si trova il lago di Brienz con il suo tipico colore turchese. Anche il vicino Lago di Thun fa parte delle mete turistiche più amate della zona.

Zwitserse Voor-Alpen

Het hele jaar door een trekpleister: de Schilthorn (2970 m · 9744 ft), de hoogste berg van de Berner Voor-Alpen, met op de top een draaiend restaurant met een 360° bergpanorama. Adembenemend uitzicht tot aan het Mont Blancmassief. Ook in het dal heeft de vakantiestreek veel te bieden. Omgeven door steile bergwanden ligt de turkooisgroene Brienzersee in Berner Oberland. Net als de naburige Thunersee is dit meer al decennialang een toeristische hotspot.

►►
Säntis (2502 m · 8209 ft), Alpstein, Kanton St. Gallen, Schweiz

Klausenpass (1950 m · 6398 ft), Uri Rotstock (2928 m · 9606 ft),
Kantone Uri/Glarus, Schweiz

The craggy peaks of Uri Rotstock (2928 m · 9606 ft) jut with confidence into the sky. The canton of Uri is considered the soul of Switzerland: home to William Tell, the legendary national hero.

Les sommets du Uri Rotstock (2928 m · 9606 ft) semblent littéralement toucher le ciel. Le canton d'Uri est considéré comme l'âme de la Suisse. Patrie de Guillaume Tell, le légendaire héros national.

Selbstbewusst ragen die Gipfel des Uri Rotstock (2928 m · 9606 ft) in den Himmel. Der Kanton Uri gilt als die Seele der Schweiz. Heimat von Wilhelm Tell, dem legendären Nationalhelden.

Los picos del Uri Rotstock (2928 m · 9606 ft) ascienden de forma progresiva hasta alcanzar el cielo. El cantón Uri es conocido como el alma de Suiza. Es la patria de Guillermo Tell, su legendario héroe nacional.

Anche la cima dell'Uri Rotstock (2928 m · 9606 ft) sembra ergersi sicura verso il cielo. Il Canton Uri è considerato la vera anima della Svizzera. Patria di Guglielmo Tell, il leggendario eroe nazionale.

Zelfbewust rijzen de toppen van de Uri Rotstock (2928 m · 9606 ft) tot in de hemel. Het kanton Uri heet de ziel van Zwitserland te zijn. Vaderland van Wilhelm Tell, de legendarische Zwitserse held.

◂
Talalpsee (1086 m · 3563 ft), Mürtschenstock (2441 m · 8009 ft), Kanton Glarus, Schweiz

▸▸
Obersee, Brünnelistock (2133 m · 6998 ft), Kanton Glarus, Schweiz

Kiental, Berner Oberland, Kanton Bern, Schweiz

Thunersee, Berner Oberland, Kanton Bern, Schweiz

►► Chäserrugg (2262 m · 7421 ft), Kanton St. Gallen, Schweiz

Piz Bernina

4049 m · 13284 ft

Western Rhaetian Alps
Alpes Rhétiques occidentales
Westliche Rätische Alpen
Alpi Retiche occidentali

Morteratschgletscher, Bellavista (3922 m · 12868 ft), Piz Bernina (4049 m · 13284 ft), Oberengadin, Kanton Graubünden, Schweiz

Western Rhaetian Alps

With its thick ice sheet, Piz Bernina (4049 m · 13284 ft) in the Western Rhaetian Alps is one of the most attractive mountains in the Alps. Peaks, glaciers, fixed-rope routes, and high mountain trails along the massif are popular with climbers, skiers, and experienced hikers. On the Swiss side, in the Val Bernina is home to the historic mountain village of Pontresina. Destination for mountaineers and connoisseurs, inspiration for writers, painters and philosophers.

Alpes Rhétiques occidentales

Avec son épaisse couche de glace, le Piz Bernina (4049 m · 13284 ft), à l'ouest des Alpes Rhétiques, fait partie des plus belles montagnes des Alpes. Les sommets, glaciers, voies d'escalade et itinéraires de haute montagne du massif sont populaires auprès des grimpeurs, skieurs et randonneurs expérimentés. Du côté suisse, dans le Val Bernina, on trouve le village de montagne historique de Pontresina. Destination pour les alpinistes et les connaisseurs, source d'inspiration pour les écrivains, peintres et philosophes.

Westliche Rätische Alpen

Mit seinem dicken Eispanzer zählt der Piz Bernina (4049 m · 13284 ft) in den Westlichen Rätischen Alpen zu den attraktivsten Bergen der Alpen. Gipfel, Gletscher, Klettersteige und Hochgebirgswege des Massivs sind bei Bergsteigern, Skifahrern und geübten Wanderern beliebt. Auf Schweizer Seite liegt im Val Bernina das historische Bergsteigerdorf Pontresina. Destination für Alpinisten und Genießer, Inspiration für Schriftsteller, Maler und Philosophen.

Cima dei Piazzi (3439 m · 11283 ft), Provincia Sondrio, Lombardia, Italia

Alpes Réticos occidentales

Con su gruesa capa de hielo, el Piz Bernina (4049 m · 13284 ft), en los Alpes Réticos occidentales cuenta con una de las montañas más atractivas de los Alpes. Los picos, glaciares, vías ferratas y caminos de alta montaña de este macizo son muy queridos por los alpinistas, esquiadores y senderistas experimentados. Del lado suizo, en el Val Bernina, nos encontramos con Pontresina, un histórico pueblo de montañistas. Es destino de alpinistas y epicúreos, inspiración para escritores, pintores y filósofos.

Alpi Retiche occidentali

Il Pizzo Bernina (4049 m · 13284 ft), nelle Alpi Retiche occidentali, fa parte delle montagne più affascinanti delle Alpi grazie ai grossi ghiacciai presenti sulla sua superficie. Le sue vette, ghiacciai, vie ferrate e sentieri sono particolarmente amati dagli arrampicatori, sciatori ed escursionisti ben allenati. Nella Val Bernina, sul lato svizzero, si trova lo storico paesino di scalatori di Pontresina. Meta per alpinisti e appassionati, fonte di ispirazione per scrittori, pittori e filosofi.

Westelijke Rätische Alpen

Met zijn dikke ijskap behoort de Piz Bernina (4049 m · 13284 ft) in de Westelijke Rätische Alpen tot de aantrekkelijkste bergen van de Alpenboog. Top, gletsjer, via ferrata en langeafstandswandelingen door het massief zijn populair bij klimmers, skiërs en geoefende wandelaars. Aan de Zwitserse kant ligt in Val Bernina het historische bergbeklimmersdorp Pontresina, een geliefde bestemming voor alpinisten en natuurliefhebbers en een inspiratiebron voor schrijvers, schilders en filosofen.

►► Val Morteratsch, Oberengadin, Kanton Graubünden, Schweiz

Älplisee (2156 m · 7074 ft), Oberengadin, Kanton Graubünden, Schweiz

Lake Älpli sits serenely at 2156 m (7073 ft) above sea level in the Grisons. The ice-cold water reflects the Arosa Rothorn (2980 m · 9777 ft), the Älplihorn (2842 m · 9324 ft), and Tschirpen (2728 m · 8950 ft).

Le lac d'Älplisee repose paisiblement à 2156 m de haut (7073 ft) dans le canton de Graubünden. Le Rothorn Arosa (2980 m · 9777 ft), l'Älplihorn (2842 m · 9324 ft) et le Tschirpen (2728 m · 8950 ft) se reflètent dans ses eaux froides.

Still ruht der Älplisee auf 2156 m (7073 ft) Höhe im Kanton Graubünden. Im eiskalten Wasser spiegeln sich Aroser Rothorn (2980 m · 9777 ft), Älplihorn (2842 m · 9324 ft) und Tschirpen (2728 m · 8950 ft).

◂◂
Fuorcla Surlej, Piz Bernina (4049 m · 13284 ft), Piz Roseg (3937 m · 12917 ft), Oberengadin, Kanton Graubünden, Schweiz

Piz Kesch (3418 m · 11214 ft), Albula-Alpen, Kanton Graubünden, Schweiz

El lago Älplisee descansa a 2156 m (7073 ft) de altura en el cantón de los Grisones. En su helada agua se reflejan los picos Rothorn (2980 m · 9777 ft), Älplihorn (2842 m · 9324 ft) y Tschirpen (2728 m · 8950 ft) de Arosa.

Ad un'altezza di 2156 m (7073 ft) si trova l'Älplisee, nel cantone dei Grigioni. Nelle sue acque gelide si rispecchiano l'Aroser Rothorn (2980 m · 9777 ft), l'Älplihorn (2842 m · 9324 ft) e il Tschirpen (2728 m · 8950 ft).

De vredige rust van de Älplisee op 2156 m (7073 ft) hoogte in het kanton Graubünden. In het ijskoude water weerspiegelen de Aroser Rothorn (2980 m · 9777 ft), de Älplihorn (2842 m · 9324 ft) en de Tschirpen (2728 m · 8950 ft).

Morteratschgletscher, Piz Palü (3 905 m · 12 812 ft), Bellavista (3 922 m · 12 868 ft), Piz Bernina (4 049 m · 13 284 ft), Oberengadin, Kanton Graubünden, Schweiz

►► Monte Disgrazia (3 678 m · 12 067 ft), Provincia Sondrio, Lombardia, Italia

Wildspitze

3772 m · 12375 ft

Eastern Rhaetian Alps
Alpes Rhétiques Orientales
Östliche Rätische Alpen
Alpi Retiche Orientali

Timmelsjoch (2474 m · 8117 ft), Tirol, Österreich / Passo del Rombo, Trentino-Alto Adige, Italia

Eastern Rhaetian Alps

One region, two countries. The Austrian Tyrol and the Italian region of Trentino-Alto Adige share the Eastern Rhaetian Alps. The highest mountain is the Wildspitze, standing at 3772 m (12375 ft). The lowest point is whether the Eisack and the Adige rivers merge in Bolzano (262 m · 860 ft), for centuries an important trading center between Italy and Germany.

Alpes Rhétiques Orientales

Elles font le bonheur de deux pays. Le Tyrol autrichien et la région italienne du Trentin-Haut-Adige se partagent les Alpes Rhétiques de l'est. Le plus haut sommet est le Wildspitze avec 3772 m (12375 ft). Point le plus bas de la confluence de l'Eisack et l'Adige à Bolzano (262 m · 860 ft), pendant des siècles un important centre économique entre l'Italie et l'Allemagne.

Östliche Rätische Alpen

Zweiländerglück. Das Österreichische Bundesland Tirol und die italienische Region Trentino-Südtirol teilen sich die Östlichen Rätischen Alpen. Höchster Berg ist die Wildspitze mit 3772 m (12375 ft). Tiefster Punkt der Zusammenfluss von Eisack und Etsch bei Bozen (262 m · 860 ft), jahrhundertelang ein wichtiges Handelszentrum zwischen Italien und Deutschland.

Alpes Réticos orientales

Bendición de dos países. El estado federado austriaco del Tirol y la región italiana del Trentino-Südtirol comparten los Alpes Réticos orientales. Su cima más alta es la Wildspitze con 3772 m (12375 ft). El punto más bajo es el lugar de confluencia de los ríos Eisack y Etsch en Bolzano (262 m · 860 ft). Durante muchos siglos esta ciudad ha sido un importante centro neurálgico del comercio entre Italia y Suiza.

Alpi Retiche Orientali

La felicità di due paesi. La regione austriaca del Tirolo e quella italiana del Trentino Alto Adige si dividono le Alpi Retiche Orientali. La montagna più alta è il Wildspitze con i suoi 3772 m (12375 ft). Il punto più profondo è dove confluiscono l'Isarco e l'Adige vicino Bolzano (262 m · 860 ft), da decenni importante centro commerciale tra l'Italia e la Germania.

Oostelijke Rätische Alpen

Tweelandengeluk. De Oostelijke Rätische Alpen liggen zowel in de Oostenrijkse bondsstaat Tirol als de Italiaanse regio Trentino-Zuid-Tirol. De hoogste berg is de 3772 m (12375 ft) hoge Wildspitze. Het laagste punt is de samenvloeiing van de Eisack en de Etsch bij Bolzano (262 m · 860 ft), eeuwenlang een belangrijk handelscentrum tussen Italië en Duitsland.

◂
Monte Scorluzzo (3094 m · 10151 ft), Filone del Mot (2773 m · 9098 ft), Alta Valtellina, Provincia Sondrio, Lombardia, Italia

▸▸
Nauders, Kaunertal, Tiroler Oberland, Österreich

Wildspitze (3772 m · 12375 ft), Ötztaler Alpen, Tirol, Österreich

Not for beginners: this glacier tour over the plains of Taschachferner to the Wildspitze (3772 m · 12375 ft), one of the most popular mountain destinations in Austria.

Déconseillée aux débutants – la randonnée glaciaire des plaines de glace de la Taschachferner au Wildspitze (3772 m · 12375 ft) est l'une des destinations de montagne les plus populaires d'Autriche.

Nichts für Anfänger – die Gletschertour über die Eisfelder des Taschachferners zur Wildspitze (3772 m · 12375 ft), einem der beliebtesten Bergziele in Österreich.

◂◂
Mutterberger See, Stubaital, Tirol, Österreich

Puittal, Gehrenspitze (2163 m · 7097 ft), Tirol, Österreich

El circuito que recorre las banquisas del glaciar Taschachferner hasta llegar al Wildspitze (3772 m · 12375 ft), su pico más alto y uno de los lugares turísticos de montaña más populares de Austria, no es para principiantes.

Non adatto ai principianti: il tour per ghiacciai che attraversa il Taschachferners fino al Wildspitze (3772 m · 12375 ft) è una delle mete montane più amate dell'Austria.

Niet voor beginners! De gletsjertocht over de ijsvelden van de Taschachferner naar de Wildspitze (3772 m · 12375 ft), een van de populairste bestemmingen in de Oostenrijkse bergen.

►►
Schrankogel (3497 m · 11473 ft), Wildspitze (3772 m · 12375 ft), Tirol, Österreich

Großglockner

3798 m · 12461 ft

Western Tauern Alps · Alpes des Tauern occidentales
Westliche Tauernalpen · Alpi dei Tauri occidentali

Innergschlöss, Venedigergruppe (3657 m · 11998 ft), Osttirol, Österreich

Western Tauern Alps

The Austrian Hohe Tauern National Park covers some 1856 km^2 (717 sq mi) in the Western Tauern Alps. It is home to 10000 animal species and a third of all plants occurring in Austria. It almost seems as if the 3798 m (12461 ft) Grossglockner uses its rocky flanks to protect the park.

Alpes des Tauern occidentales

Le Parc national autrichien du Hohe Tauern, dans les Alpes des Tauern occidentales, occupe une surface d'environ 1856 km^2 (717 sq mi). Il abrite 10000 espèces animales et environ un tiers de l'ensemble des plantes recensées en Autriche. On dirait presque que le Großglockner protège le parc national avec ses flancs rocheux du haut de ses 3798 m (12461 ft).

Westliche Tauernalpen

Rund 1856 km^2 (717 sq mi) umfasst der österreichische Nationalpark Hohe Tauern in den Westlichen Tauernalpen. Heimat für an die 10000 Tierarten und für rund ein Drittel aller in Österreich vorkommenden Pflanzen. Fast scheint es, als würde der 3798 m (12461 ft) hohe Großglockner seine felsigen Flanken schützend über den Nationalpark ausbreiten.

Prägraten, Virgental, Großvenediger (3657 m · 11998 ft), Osttirol, Österreich

Alpes del Tauern occidentales
El parque nacional austriaco Hohe Tauern en los Alpes del Tauern occidentales cuenta con una extensión de alrededor de 1856 km^2 (717 sq mi). Es la tierra natal de 10000 especies de animales y de casi un tercio de todas las plantas existentes en Austria. El gran monte Großglockner a 3798 m (12461 ft) de altura, parece querer extender sus pedregosas laderas sobre el parque nacional para protegerlo.

Alpi dei Tauri occidentali
Il Parco Nazionale austriaco Hohe Tauern nelle Alpi dei Tauri occidentali si estende per circa 1856 km^2 (717 sq mi). Habitat per 10000 specie animali e per circa un terzo della vegetazione presente in Austria. Sembra quasi che il Großglockner con i suoi 3798 m (12461 ft) di altezza cerchi di abbracciare il parco nazionale per proteggerlo con le sue rocce.

Westelijke Tauern Alpen
Het Oostenrijkse Nationale Park in de westelijke Tauern Alpen heeft een oppervlakte van ongeveer 1856 km^2 (717 sq mi). Een thuis voor 10.000 diersoorten en voor ongeveer een derde van alle in Oostenrijk voorkomende planten. De 3798 m (12461 ft) hoge Großglockner lijkt zijn rotsflanken beschermend over het nationale park te willen uitslaan.

►►
Nationalpark Hohe Tauern, Mallnitz, Kärnten, Österreich

Virgental, Venedigergruppe (3657 m · 11998 ft), Osttirol, Österreich

◂

Pfitscher Tal (Val di Vizze), Hochfeiler (3509 m · 11513 ft), Südtirol, Italien (Alto Adige, Italia)

◂◂

Tauferer Ahrntal, Rieserfernergruppe (3436 m · 11273 ft), Provinz Bozen, Südtirol, Italien (Valli di Turese e Aurina, Gruppo delle Vedrette di Ries, Bolzano, Alto Adige, Italia)

Ramsau, Zillertal, Dristner (2767 m · 9078 ft), Grinberg Spitze (2861 m · 9387 ft), Tirol, Österreich

►►
Brennkogel (3018 m · 9902 ft), Kärnten/Salzburg, Österreich

Hochgolling
2862 m · 9390 ft

Eastern Tauern Alps · Östliche Tauernalpen
Alpes des Tauern Orientales · Alpi dei Tauri Orientali

Liezen, Dachstein (2995 m · 9826 ft), Steiermark, Österreich

Eastern Tauern Alps
Deeply incised, long, wide valleys, glacier-less mountains like the Hochgolling (2862 m · 9390 ft) and numerous small lakes characterize the Eastern Tauern Alps. A large part of the more than 300 mountain lakes and almost 150 waterfalls in Austria are in this region. This is a landscape shaped by the melting of the glaciers which once covered the entire region during the Ice Age.

Alpes des Tauern Orientales
De longues vallées profondes et encaissées avec des sommets sans glace, comme le Hochgolling (2862 m · 9390 ft), et de nombreux petits lacs caractérisent les Alpes des Tauern Orientales. Une grande partie des plus de 300 lacs et presque 150 cascades se trouvent ici. Un paysage façonné par la fonte des glaciers qui recouvraient toute la région durant la période glaciaire.

Östliche Tauernalpen
Tief eingeschnittene lange Täler mit breiten Talsohlen, gletscherlose Berge wie der Hochgolling (2862 m · 9390 ft) und zahlreiche kleine Seen charakterisieren die Östlichen Tauernalpen. Einen Großteil der über 300 Bergseen und fast 150 Wasserfälle befindet sich hier. Eine Landschaft, geformt von schmelzenden Gletschern, die in der Eiszeit die ganze Region bedeckten.

Alpes del Tauern orientales
Largos valles con amplios fondos profundamente empozados, montañas sin glaciares como el Hochgolling (2862 m · 9390 ft) y numerosos pequeños lagos caracterizan los Alpes del Tauern orientales. Gran parte de los más de 300 lagos de montaña y las casi 150 cascadas naturales se encuentran aquí. Se trata de un paisaje esculpido por el deshielo de los glaciares que en otra época solían cubrir toda la región.

Alpi dei Tauri Orientali
Il paesaggio delle Alpi dei Tauri Orientali è caratterizzato da profonde valli con ampi fondovalle, montagne ricoperte di ghiacciai come l'Hochgolling (2862 m · 9390 ft) e tanti piccoli laghi. Buona parte dei 300 laghi di montagna e delle quasi 150 cascate si trova proprio qui. Il paesaggio è stato plasmato dallo scioglimento dei ghiacciai che nell'epoca glaciale ricoprivano l'intera regione.

Oostelijke Tauern Alpen
Karakteristiek voor de Oostelijke Tauern Alpen zijn de diep ingesneden lange dalen met brede dalbodems, gletsjerloze bergen waaronder de Hochgolling (2862 m · 9390 ft) en heel veel meertjes. Het overgrote deel van de ruim 300 bergmeren en bijna 150 watervallen bevindt zich hier in een landschap dat werd gevormd door de smeltende gletsjers die in de laatste ijstijd de regio bedekten.

►
Engelkarspitze (2518 m · 8261 ft), Giglachsee, Schladminger Tauern, Steiermark, Österreich

►►
Pleschnitzzinken (2111 m · 6926 ft), Gamskarlspitze (2411 m · 7910 ft), Niedere Tauern, Steiermark, Österreich

Seewigtal, Schladminger Tauern, Steiermark, Österreich

◂◂
Tappenkarsee (1762 m · 5781 ft), Radstädter Tauern, Salzburg, Österreich

Großer Scheibelsee, Steiermark, Österreich

►►
Wildgerlosspitze (3280 m · 10761 ft), Reichenspitzgruppe, Zillertal, Salzburg, Österreich

Eisenhut

2440 m · 8005 ft

Styrian-Carinthian Alps
Alpes de Styrie et Carinthie
Steirisch-Kärtnerische Alpen
Alpi di Stiria e Carinzia

Millstädter See, Kärnten, Österreich

Styrian-Carinthian Alps
The Styrian-Carinthian Alps are one of the six sections of the Central Eastern Alps. The Nockberge Biosphere Park is found between the green mountain peaks of this range in Carinthia. Nature has largely been able to preserve its unspoiled appearance here. Gentle grass-covered mountains, pine and larch trees, with needles that turn golden yellow in October. A fireworks provided by Mother Nature before going into the long winter hibernation.

Alpes de Styrie et Carinthie
Les Alpes de Styrie et Carinthie sont l'une des six sections des Alpes centre-Orientales. Le parc de biosphère de Nockberge s'étend entre les sommets de vertes montagnes. Ici, la nature a conservé son aspect originel. De douces pentes herbeuses, des pins et des mélèzes dont les aiguilles prennent la couleur de l'or en octobre. Un feu d'artifice de la nature qui précède sa longue hibernation.

Steirisch-Kärtnerische Alpen
Die Steirisch-Kärntnerischen Alpen sind einer von sechs Abschnitten der Zentralen Ostalpen. Zwischen grünen Berggipfeln erstreckt sich in Kärnten der Biosphärenpark Nockberge. Hier hat sich die Natur ihr ursprüngliches Gesicht bewahrt. Sanfte Grasberge, Zirben und Lärchen, deren Nadeln sich im Oktober goldgelb färben. Ein Feuerwerk der Natur, bevor sie in den lange Winterschlaf geht.

Alpes de Estiria y Carintia
Los Alpes de Estiria y Carintia son uno de los seis tramos de los Alpes Orientales Centrales. Entre las verdes cimas se extiende, en Carintia, el Parque de la biosfera Nockberge. En este paraje la naturaleza ha mantenido su autenticidad. Suaves montes de hierba, pinos cembros y alerces, cuyas agujas se tiñen de un amarillo dorado en octubre. Auténticos fuegos artificiales creados por la naturaleza antes de que los árboles empiecen a invernar.

Alpi di Stiria e Carinzia
Le Alpi di Stiria e Carinzia sono una delle sei sezioni che compongono le Alpi Centro-Orientali. In Carinzia, tra le verdi cime montuose, si estende il parco della biosfera Nockberge. Qui la natura ha preservato il suo lato incontaminato. Delicate montagne verdi ricoperte di cembri e larici, che a ottobre si colorano di giallo-oro. I fuochi d'artificio della natura, prima di addentrarsi nel lungo letargo invernale.

Stiermarkse-Karintische Alpen (Norische Alpen)
De Stiermarkse-Karintische Alpen vormen een van de zes delen van de Centrale Oost-Alpen. Tussen groene bergtoppen ligt in Kärnten het Biosfeerpark Nockberge. Hier heeft de natuur zijn oorspronkelijke gezicht behouden. De glooiende groene bergen met alpendennen en lariksen kleuren in oktober goudgeel: een natuurlijk vuurwerk als introductie op de lange winterslaap die volgt.

◂
Windebensee (1907 m · 6257 ft), Nationalpark Nockberge, Kärnten, Österreich

◂◂
Eisenhut (2441 m · 8009 ft), Nockberge/Gurktaler Alpen, Steiermark, Österreich

▸▸
Nationalpark Nockberge, Kärnten, Österreich

Predigerstuhl (2170 m · 7119 ft), Nationalpark Nockberge, Kärnten, Österreich

◂◂
Ossiacher See (501 m · 1644 ft), Kärnten, Österreich

Nockberge, Kärnten/Salzburg/Steiermark, Österreich

Knoll-like, grassy mountain peaks such as Grosserh Rosennock (2440 m · 8005 ft) characterize the Nockberge, the highest mountain range in the Gurktal Alps.

Le Nockberge est formé de sommets herbeux en forme de dôme comme le Grand Rosennock (2440 m · 8005 ft), le plus haut massif des Alpes de la Gurktal.

Kuppenartige, grasbewachsene Berggipfel wie der Große Rosennock (2440 m · 8005 ft) prägen die Nockberge, die höchste Gebirgsgruppe in den Gurktaler Alpen.

Cimas montañosas con forma de cumbre, en las que crece la hierba, como el Großer Rosennock (2440 m · 8005 ft) marcan las montañas de Nock, la cordillera más alta de los Alpes de Gurktal.

Il paesaggio dei monti Nochberge, il gruppo montuoso più alto delle Alpi della Gurktal, si contraddistingue per le cime verdi e appuntite come il Große Rosennock (2440 m · 8005 ft).

Afgeronde, met gras begroeide toppen als de Große Rosennock (2440 m · 8005 ft) vormen het Nockgebergte, het hoogste massief in de Gurktaler Alpen.

◂ Rosennock (2440 m · 8005 ft), Nationalpark Nockberge, Kärnten, Österreich

▸▸ Eisentalhöhe (1280 m · 4200 ft), Nationalpark Nockberge, Kärnten, Österreich

Ameringkogel
2187 m · 7175 ft
Styrian Foothills · Préalpes de Styrie
Steirisches Randgebirge · Prealpi di Stiria

Stuhleck (1782 m · 5847 ft), Steiermark, Österreich

Styrian Foothills
For centuries, crosses have marked summits in this region. As is the case with Ameringkogel (2187 m · 7175 ft), the highest peak in the Styrian Foothills. The crosses are a part of the cultural landscape in the Alps: religious symbols, landmarks, and visible reminders of the conquest of each mountain. But also a reminder to even the most daring of climbers that they are only a small part of creation.

Préalpes de Styrie
Depuis des siècles, les croix au sommet marquent le point culminant d'une montagne, comme sur l'Ameringkogel (2187 m · 7175 ft), le plus haut sommet de la chaîne styrienne. Les croix font partie du paysage culturel des Alpes – symbole religieux, repère et signe visible de la conquête de la montagne. Mais aussi le rappel du fait que même le grimpeur le plus audacieux n'est qu'une infime partie de la création.

Steirisches Randgebirge
Seit Jahrhunderten markieren Gipfelkreuze den höchsten Punkt eines Bergs. Wie auf dem Ameringkogel (2187 m · 7175 ft), dem höchsten Gipfel im Steirischen Randgebirge. Die Kreuze gehören in den Alpen zur Kulturlandschaft – religiöses Symbol, Orientierungspunkt und weithin sichtbares Zeichen für die Bezwingung des Berges. Aber auch Mahnung, dass selbst der waghalsigste Kletterer nur ein kleiner Teil der Schöpfung ist.

Prealpes de Estiria
Las cimas de las montañas se llevan marcando con cruces desde hace siglos. Este es también el caso del Ameringkogel (2187 m · 7175 ft), el pico más alto de los Prealpes de Estiria. Las cruces pertenecen al acervo cultural del paisaje alpino. Son un símbolo religioso, un punto de referencia y un símbolo visible de la conquista de la montaña. Aunque también nos recuerda que incluso los escaladores más intrépidos no son más que una pequeña parte de la creación divina.

Prealpi di Stiria
Da secoli le croci sulle vette segnalano il punto più alto di una montagna. Proprio come quella sull'Ameringkogel (2187 m · 7175 ft), la vetta più elevata delle Prealpi di Stiria. Le croci nelle Alpi fanno parte del patrimonio paesaggistico e culturale: simbolo religioso, punto di orientamento e segno visibile della conquista della vetta. Ma sono ugualmente considerate come una sorte di monito, perché anche il più bravo degli arrampicatori è solo una piccola parte del creato.

Stiermarks Randgebergte
Al eeuwenlang wordt met topkruisen het hoogste punt van een berg gemarkeerd. Net als op de Ameringkogel (2187 m · 7175 ft), de hoogste top in het Stiermarkse Randgebergte. De kruisen zijn deel van het cultuurlandschap – ze zijn een religieus symbool, een oriëntatiepunt en het zichtbare bewijs dat de berg is bedwongen. Maar ook een waarschuwing: zelfs de meest waaghalzerige alpinist is een nietig onderdeeltje van de schepping.

◂
Ameringkogel (2187 m · 7175 ft), Steiermark, Österreich

▸▸
Schöckl (1445 m · 4741 ft), Grazer Bergland, Steiermark, Österreich

A family-friendly hiking trail with a view: the alpine road along the ridge from Wölkartkogel (1706 m · 5597 ft) to the summit of Brandkogel (1648 m · 5407 ft). The young stallions of the world-famous Lippizaner horses spend their summers up here on the lush meadows of the plateau with the old mountain hut.

Un chemin de randonnée familiale avec vue : le sentier d'alpage qui chemine le long de la crête du Wölkartkogel (1706 m · 5597 ft) jusqu'à la croix au sommet du Brandkogel (1648 m · 5407 ft). Les Lipizzans, étalons mondialement célèbres, prennent leurs quartiers d'été sur les prairies luxuriantes du haut plateau, dans l'ancien chalet d'alpage.

Ein familienfreundlicher Wanderweg mit Aussicht: der Almweg entlang des Bergrückens vom Wölkartkogel (1706 m · 5597 ft) zum Gipfelkreuz des Brandkogels (1648 m · 5407 ft). Auf den saftigen Wiesen des Hochplateaus beim Alten Almhaus verbringen die Junghengste der weltberühmten Lipizzaner ihre Sommerfrische.

El Almweg, camino que transcurre por las praderas alpinas, recorre la cresta de la montaña, desde el Wölkartkogel (1706 m · 5597 ft) hasta la cruz en el Brandkogel (1648 m · 5407 ft). Se trata de un precioso sendero con vistas, recomendable para hacerlo en familia. Los potros de la raza Lipizzaner, mundialmente conocida, se retiran a los verdes prados del altiplano, junto a la antigua casa de pradera Alte Almhaus, para encontrar algo de fresco durante el verano.

Un sentiero panoramico adatto anche alle famiglie: l'Almweg lungo la cresta del Wölkartkogel (1706 m · 5597 ft) fino alla croce sulla vetta del Brandkogel (1648 m · 5407 ft), Tra i prati verdi dell'altopiano dell'antica Almhaus pascolano in estate all'aria fresca i cavalli lipizzani, famosi in tutto il mondo.

Een wandelroute voor het hele gezin met prachtige vergezichten: de Almweg langs de bergrug van de Wölkartkogel (1706 m · 5597 ft) naar het topkruis van de Brandkogel (1648 m · 5407 ft). Op de grazige weiden op de hoogvlakte bij het Alten Almhaus dartelen de jonge hengsten van het wereldberoemde Lipizzanerras de zomer door.

►
Wölkartkogel (1706 m · 5597 ft), Brandkogel (1648 m · 5407 ft), Steiermark, Österreich

◄◄
Südsteirische Weinstraße, Steiermark, Österreich

Parseierspitze

3040 m · 9974 ft

North Tyrol Limestone Alps
Alpes calcaires nord-tyroliennes
Nordtiroler Kalkalpen
Alpi Calcaree Nordtirolesi

Dreitorspitze (2682 m · 8799 ft), Wettersteingebirge, Oberbayern, Bayern, Deutschland

North Tyrol Limestone Alps
Bright, craggy rock ridges with mighty scree, narrow wooded valleys, broad pastures, and deep gorges characterize the landscape of the North Tyrol Limestone Alps. Despite the imposing peaks of the Karwendel, Wetterstein, and the Kaiser Mountains, they only have one peak higher than 3000 m: the Parseierspitze (3040 m · 9974 ft), the main peak of the Lechtal Alps.

Alpes calcaires nord-tyroliennes
Des crêtes rocheuses extrêmement découpées, avec des éboulis abrupts, d'étroites vallées boisées, de vastes pâturages et des gorges profondes, caractérisent le paysage des Alpes calcaires nord-tyroliennes. Malgré les sommets imposants du Karwendel, du Wetterstein et le Massif de l'Empereur, elles n'atteignent que 3000 m. Le Parseierspitze (3040 m · 9974 ft), principal sommet des Alpes de Lechtal.

Nordtiroler Kalkalpen
Helle, scharfgezackte Felsenkämme mit mächtigen Schutthalden, enge waldreiche Täler, weite Almflächen und tiefe Schluchten prägen das Landschaftsbild der Nordtiroler Kalkalpen. Trotz der imposanten Gipfel im Karwendel, Wetterstein- und Kaisergebirge können sie nur einen Dreitausender aufweisen. Die Parseierspitze (3040 m · 9974 ft), Hauptgipfel der Lechtaler Alpen.

Alpes calizos del Tirol septentrional
Claros cerros dentados con majestuosas escombreras, estrechos valles por los que se extienden frondosos bosques, grandes pastos y gargantas profundas caracterizan el paisaje de los Alpes calizos del Tirol septentrional. A pesar de las imponentes cimas de los Montes de Karwendel, de Wetterstein y de Kaiser, sólo cuentan con un único pico de tres mil metros. Se trata del Parseierspitze (3040 m · 9974 ft), principal pico de los Alpes del Lechtal.

Alpi Calcaree Nordtirolesi
Il paesaggio delle Alpi Calcaree Nordtirolesi si contraddistingue per le coste rocciose chiare e spigolose, i ghiaioni, le valli strette e ricche di vegetazione, i vasti alpeggi e le gole profonde. Nonostante le imponenti vette dei Monti del Karwen, dei monti del Wetterstein e dei monti del Kaiser, solo una cima supera i tremila metri di altezza. Il Parseierspitze (3040 m · 9974 ft) è la montagna più alta delle Alpi della Lechtal.

Noord-Tirolse Kalkalpen
Grote, scherp gekartelde rotskammen met imponerende puinhellingen, smalle bosrijke dalen, weidse almen en diepe kloven bepalen de aanblik van het landschap in de Noord-Tirolse Kalkalpen. Ondanks de imposante toppen in het Karwendel, Wetterstein- en Kaisergebergte is hier maar één drieduizender te vinden: de Parseierspitze (3040 m · 9974 ft), de hoogste top in de Lechtaler Alpen.

◄
Plansee (976 m · 3202 ft), Reutte, Tirol, Österreich

►►
Sonnjoch (2457 m · 8061 ft), Karwendel, Tirol, Österreich

Wettersteinspitze (2297 m · 7536 ft), Wettersteingebirge,
Oberbayern, Bayern, Deutschland

◂◂
Going, Wilder Kaiser (2344 m · 7690 ft), Kaisergebirge, Tirol,
Österreich

Alpspitze (2628 m · 8622 ft), Wettersteingebirge, Oberbayern, Bayern, Deutschland

►►
Lechquellengebirge (2753 m · 9032 ft), Vorarlberg, Österreich

Schloss Neuschwanstein, Schwangau, Allgäu, Bayern, Deutschland

Neuschwanstein, the fairy-tale castle of Bavaria's infamous King Ludwig II, and the Zugspitze (2962 m · 9718 ft), Germany's highest mountain peak. Two landmarks that attract millions of tourists every year from home and abroad.

Neuschwanstein, le château de conte de fées du plus célèbre souverain de Bavière, le roi Louis II de Bavière, et le Zugspitze (2962 m · 9718 ft), le plus haut sommet alpin d'Allemagne. Deux monuments qui attirent chaque année des millions de touristes nationaux et internationaux.

Neuschwanstein, das Märchenschloss von Bayerns berühmtestem König Ludwig II., und die Zugspitze (2962 m · 9718 ft), Deutschlands höchster Alpengipfel. Zwei Wahrzeichen, die alljährlich Millionen Touristen aus dem In- und Ausland anlocken.

◂◂
Loisachtal, Zugspitze (2962 m · 9718 ft), Oberbayern, Bayern, Deutschland

Große Arnspitze (2196 m · 7205 ft), Wettersteingebirge, Oberbayern, Bayern, Deutschland

Neuschwanstein, el castillo de ensueño de Luís II, el rey bávaro más conocido de todos los tiempos, y el Zugspitze (2962 m · 9718 ft), el pico más alto de los Alpes alemanes, son dos símbolos que atraen todos los años a millones de turistas nacionales y extranjeros.

Neuschwanstein, il favoloso castello del re Ludovico II di Baviera e lo Zugspitze (2962 m · 9718 ft), la montagna delle Alpi più alta della Germania. Due simboli che ogni anno richiamano milioni di turisti non solo dalla Germania.

Neuschwanstein, het sprookjeskasteel van Ludwig II, de beroemdste koning van Beieren, en de Zugspitze (2962 m · 9718 ft), Duitslands hoogte alpentop. Twee symbolen die jaarlijks miljoenen toeristen uit binnen- en buitenland trekken.

►►
Schüsselkarspitze (2551 m · 8369 ft), Wettersteingebirge, Bayern, Deutschland / Tirol, Österreich

Soiernspitze (2257 m · 7405 ft), Karwendelgebirge, Oberbayern, Bayern, Deutschland

Being sure-footed and having a clear head are necessary for climbing the Western Törlspitze (2427 m · 7963 ft), far away from the more well-known walking routes and yet offering stunning panoramic views of the craggy peaks of the Wetterstein mountains. Beautifully situated between the Bavarian resort towns of Garmisch-Partenkirchen and Mittenwald and the Tyrolean holiday regions of Seefeld and Ehrwald.

Il faut être aguerri et ne pas avoir le vertige pour partir à l'assaut du Törlspitze oriental (2427 m · 7963 ft) – à l'écart de sentiers de randonnées plus connus, avec pourtant une vue panoramique grandiose sur les sommets escarpés du massif du Wetterstein. Magnifiquement situé, entre les stations bavaroises de Garmisch-Partenkirchen et Mittenwald et les régions touristiques tyroliennes de Seefeld et Ehrwald.

Trittsicher und schwindelfrei muss sein, wer die Westliche Törlspitze (2427 m · 7963 ft) erklimmen will – abseits der bekannteren Wanderrouten und dennoch mit grandiosem Panoramablick auf die schroffen Gipfel des Wettersteingebirges. Malerisch gelegen zwischen den bayerischen Ferienorten Garmisch-Partenkirchen und Mittenwald und den Tiroler Urlaubsregionen Seefeld und Ehrwald.

El que quiera escalar la cima del Törlspitze occidental (2427 m · 7963 ft), al margen de las rutas de senderismo más conocidas, no puede tener vértigo y poseer un paso firme. Aunque incluso desde los caminos más comunes, las vistas panorámicas sobre la abrupta cima del sistema montañoso de Wetterstein son impresionantes. Se encuentran en un pintoresco entorno entre las localidades bávaras Garmisch-Partenkirchen y Mittenwald, y las regiones Seefeld y Ehrwald, famosos destinos vacacionales.

Chi vuole scalare il Westliche Törlspitze (2427 m · 7963 ft) deve essere sicuro di sé e non soffrire di vertigini – distante dagli itinerari escursionistici più famosi eppure con un grandioso panorama sulle ripide vette dei Monti del Wetterstein. In una posizione pittoresca tra le località turistiche bavaresi Garmisch-Partenkirchen e Mittenwald e le mete turistiche tirolesi del lago di Campolago e Ehrwald.

Alleen wie stapzeker is en geen hoogtevrees heeft, kan de Westelijke Törlspitze (2427 m · 7963 ft) beklimmen, naast bekendere wandelroutes met eveneens fantastisch panoramisch uitzicht op de steile top van het des Wettersteingebergte. Schilderachtig gelegen tussen de Beierse vakantieoorden Garmisch-Partenkirchen en Mittenwald en de Tiroler vakantieregio's Seefeld en Ehrwald.

◂
Westliche Törlspitze (2427 m · 7963 ft), Östliche Törlspitze (2437 m · 7995 ft), Musterstein (2478 m · 8130 ft), Bayern, Deutschland

◂◂
Hafelkarspitze (2334 m · 7658 ft), Karwendel, Tirol, Österreich

▸▸
Falschkogel (2388m · 7835 ft), Steinjöchl (2198 m · 7211 ft), Tirol, Österreich

Hochiss (2299 m · 7543 ft), Rofanspitze (2259 m · 7411 ft), Tirol, Österreich

Großer Krottenkopf
2656 m · 8714 ft
Bavarian Alps · Alpes bavaroises
Bayerische Alpen · Alpi Bavaresi

Seealpsee (2224 m · 7297 ft), Allgäu, Bayern, Deutschland

Bavarian Alps
Bavaria is the only state in Germany that has a portion of the Alps. The Allgäu Alps, the Ammergauer Alps, the Mangfall Mountains, and the Bavarian Alps are all shared with Bavaria's Austrian neighbors. Even the highest peak is located in Austria: the Grosse Krottenkopf (2656 m · 8714 ft).

Alpes bavaroises
Le Land de Bavière est le seul état allemand à posséder une partie des Alpes. Mais les Bavarois doivent partager les Alpes de l'Allgäu, les Alpes de l'Ammergau, les Alpes du Mangfall et les Alpes du Chiemgau avec leurs voisins autrichiens. Le plus haut sommet, le Große Krottenkopf (2656 m · 8714 ft), est lui aussi situé en Autriche.

Bayerische Alpen
Als einziges deutsches Bundesland hat der Freistaat Bayern Anteil an den Alpen. Die Allgäuer Alpen, Ammergauer Alpen, das Mangfallgebirge und die Chiemgauer Alpen müssen sich die Bayern allerdings mit den österreichischen Nachbarn teilen. Auch der höchste Gipfel liegt in Österreich – der Große Krottenkopf (2656 m · 8714 ft).

Alpes Bávaros
El único estado federal de Alemania que cuenta con presencia del sistema montañoso alpino es el estado libre de Baviera. Los bávaros tienen que compartir los Alpes de Algovia, de Ammergau, de Mangfall y de Chiemgau con sus vecinos austriacos. Incluso el pico más alto, el Große Krottenkopf (2656 m · 8714 ft) está en Austria.

Alpi Bavaresi
Lo Stato libero di Baviera è l'unica regione tedesca toccata dalle Alpi. Le Alpi dell'Algovia, le Alpi dell'Ammergau, le Alpi del Mangfall e le Alpi del Chiemgau si estendono anche sull'Austria. Anche la vetta più alta si trova in Austria: il Große Krottenkopf (2656 m · 8714 ft).

Bayerische Alpen
Als enige Duitse bondsstaat heeft de vrijstaat Beieren een aandeel in de Alpen. De Allgäuer Alpen, Ammergauer Alpen, het Mangfallgebergte en de Chiemgauer Alpen moet Beieren met de Oostenrijkse buren delen. Ook de hoogste top, de Große Krottenkopf (2656 m · 8714 ft), ligt in Oostenrijk.

◂
Ammergauer Alpen, Oberbayern, Bayern, Deutschland

▸▸
Rappensee, Hochrappenkopf (2425 m · 7956 ft), Kleiner Rappenkopf (2276 m · 7467 ft), Allgäuer Alpen, Bayern, Deutschland

Murnauer Moos, Wettersteingebirge, Oberbayern, Bayern, Deutschland

◂
Tegelberg (1881 m · 6171 ft), Ammergauer Alpen, Bayern, Deutschland

◂◂
Großer Wilder (2379 m · 7805 ft), Kleiner Wilder (2306 m · 7566 ft), Jochspitze (2232 m · 7323 ft), Allgäuer Alpen, Bayern, Deutschland

Allgäuer Voralpen, Bayern, Deutschland

The Allgäu is one of the most attractive holiday areas in Germany. But nature has still more to offer than romantic mountain landscapes with spectacular views. Local wild herbs and medicinal plants grow on the unspoiled pastures and provide healing to humankind and nature alike.

L'Allgäu est l'une des zones touristiques les plus attractives d'Allemagne. Mais la nature a ici bien plus à offrir que des paysages de montagne romantiques avec des vues spectaculaires. Des herbes sauvages et des plantes médicinales poussent sur les alpages vierges, pour le bien-être de l'homme et de la nature.

Das Allgäu zählt zu den attraktivsten Ferienregionen in Deutschland. Doch die Natur hat hier noch mehr zu bieten als romantische Berglandschaften mit traumhaften Ausblicken. Auf den urwüchsigen Almwiesen wachsen heimische Wildkräuter und Heilpflanzen, zum Wohlergehen von Mensch und Natur.

Aggenstein (1986 m · 6516 ft), Tannheimer Berge, Bayern, Deutschland

Algovia es uno de los destinos vacacionales más atractivos de Alemania. Aquí la naturaleza tiene mucho más que ofrecer que románticos paisajes montañosos con maravillosas vistas. En los castizos pastos de montaña crecen hierbas silvestres y plantas medicinales autóctonas que nos ayudan a proteger la naturaleza y a nosotros mismos.

L'Algovia è una delle regioni turistiche più belle della Germania. La natura offre molto di più di paesaggi romantici con panorami da sogno. Sugli alpeggi selvatici crescono erbe e piante mediche locali, che garantiscono il benessere degli uomini e della natura.

De Allgäu is een van de aantrekkelijkste vakantiegebieden in Duitsland. Maar de natuur heeft hier meer te bieden dan romantische berglandschappen met dromerige vergezichten. Op de ongerepte almen groeien inheemse wilde kruiden en geneeskrachtige planten, voor het welzijn van mens en natuur.

►►

Hochgrat (1834 m · 6017 ft), Naturpark Nagelfluhkette, Allgäu, Bayern, Deutschland

Kampenwand (1669 m · 5476 ft), Chiemsee, Oberbayern, Bayern, Deutschland

►► Estergebirge (Krottenkopfgebirge), Oberbayern, Bayern, Deutschland

Schaltenweiher, Tannheimer Alpen, Allgäu, Bayern, Deutschland

►
Säuling (2 047 m · 6 716 ft), Bayern, Deutschland / Tirol, Österreich

►►
Herzogstand (1 731 m · 5 679 ft), Oberbayern, Bayern, Deutschland

Lizumer Reckner

2886 m · 9469 ft

Tyrolean Slate Alps · Alpes schisteuses tyroliennes
Tiroler Schieferalpen · Alpi Scistose Tirolesi

Lizumer Reckner (2286 m · 7500 ft), Tuxer Alpen, Tirol, Österreich

Tyrolean Slate Alps
In the center of the Tux Alps, a part of the Tyrolean Slate Alps, is Lizumer Reckner (2886 m · 9469 ft). Its summit stands out prominently from its surroundings thanks to its high level of serpentine, a bold blackish-green minerals in different shades.

Alpes esquistosos tiroleses
En el centro de los Alpes de Tux, que pertenecen a los Alpes esquistosos del Tirol se encuentra el Lizumer Reckner (2886 m · 9469 ft). Su pico destaca claramente del entorno, ya que está principalmente compuesto de serpentinita, minerales de un intenso color verde negruzco de varias tonalidades.

Alpes schisteuses tyroliennes
Le Lizumer Reckner est situé au centre des Alpes du Tux qui font partie des Alpes schisteuses tyroliennes. Son sommet se distingue nettement de l'environnement car sa roche est principalement composée de serpentinite, un minéral puissant aux différentes nuances vert sombre.

Alpi Scistose Tirolesi
Il Lizumer Reckner (2886 m · 9469 ft) si trova al centro delle Prealpi del Tux, parte delle Alpi Scistose Tirolesi. La sua cima si vede in maniera chiara nei dintorni. È infatti composta principalmente da serpentinite, un minerale di colore verde scuro che le conferisce diverse sfumature.

Tiroler Schieferalpen
Im Zentrum der Tuxer Alpen, die zu den Tiroler Schieferalpen gehören, liegt der Lizumer Reckner (2886 m · 9469 ft). Sein Gipfel hebt sich deutlich sichtbar von der Umgebung ab. Denn er besteht hauptsächlich aus Serpentinitgesteinen, kräftig schwarzgrünen Mineralien in verschiedenen Nuancen.

Tiroler Schieferalpen
In het centrum van de Tuxer Alpen, die tot de Tiroler Schieferalpen behoren, ligt de Lizumer Reckner (2886 m · 9469 ft). De top torent duidelijk herkenbaar boven de omgeving uit. Hij bestaat namelijk vooral uit serpentiniet, hard gesteente van voornamelijk mineralen in verschillende tinten zwartgroen.

◂
Kreuzjoch (1719 m · 5640 ft), Partenkirchner Dreitorspitze (2633 m · 8639 ft), Oberbayern, Bayern, Deutschland

Kitzbüheler Horn (1996 m · 6549 ft), Hohe Tauern, Tirol, Österreich

One of the most famous mountains for Alpine sport in all seasons is Kitzbühel Horn, the steepest cycling slope in Austria. In the summer, a venue for international cycling and running events, in the winter, a perfectly equipped paradise for skiers, snowboarders, and cross-country skiers. This is where much skiing history has been written: On March 15, 1893, Franz Reisch was the first person to ski down the Kitzbüheler Horn.

Le Kitzbühler Horn est l'un des plus célèbres sites sportifs des Alpes, la piste cyclable la plus raide d'Autriche. Théâtre de courses cyclistes et autres événements sportifs internationaux en été ; un paradis parfaitement équipé pour le ski alpin, le snowboard et le ski de fond en hiver. C'est ici que l'histoire du ski s'est écrite : le 15 mars 1893, Franz Reisch fut le premier à descendre le Kitzbühler Horn à ski.

Einer der berühmtesten Sportberge im Alpenraum ist das Kitzbüheler Horn, der steilste Radberg Österreichs. Im Sommer Schauplatz von internationalen Radrennen und Laufwettbewerben, im Winter ein perfekt ausgestattetes Paradies für Skifahrer, Snowboarder und Langläufer. Hier wurde Skigeschichte geschrieben: Am 15. März 1893 fuhr Franz Reisch als erster Mensch das Kitzbüheler Horn auf Skiern ab.

◂◂
Spieljoch (2236 m · 7336 ft), Tuxer Alpen, Tirol, Österreich

Gnadenwald, Tuxer Alpen, Tirol, Österreich

Una de las montañas más conocidas para practicar deporte en los Alpes es el Kitzbüheler Horn, la ruta de ciclismo más empinada de toda Austria. En verano se convierte en escenario de vueltas ciclistas y carreras internacionales. En invierno es un paraíso para los amantes del esquí alpino, snowboard y esquí de fondo, ya que cuenta con todas las instalaciones para ello necesarias. Aquí se hizo historia en el mundo del esquí: El 15 de marzo de 1893, Franz Reisch bajó por primera vez el Kitzbüheler Horn sobre sus esquís.

Una delle montagne sportive più conosciute delle Alpi è il Kitzbüheler Horn, la pista ciclabile più ripida dell'Austria. In estate è protagonista di corse in bici e maratone internazionali, in inverno è un paradiso ben attrezzato per sciatori e appassionati di snowboard e sci di fondo. Qui è stato scritto un capitolo fondamentale della storia dello sci: Il 15 marzo 1893 Franz Reisch fu il primo a eseguire la discesa alpina in sci del Kitzbüheler Horn.

Een van de beroemdste 'sportbergen' van de Alpenboog is de Kitzbüheler Horn, de steilste fietsberg van Oostenrijk. 's Zomers het toneel van internationale wielerrondes en hardloopwedstrijden, 's winters een perfect uitgerust sneeuwparadijs voor skiërs, snowboarders en langlaufers. Op 15 maart 1893 werd hiet skigeschiedenis geschreven toen Franz Reisch als eerste mens op de lange latten de Kitzbüheler Horn afdaalde.

►►
Rastkogel (2762 m · 9062 ft), Tuxer Alpen, Tirol, Österreich

TIROL

Hochkönig

2941 m · 9649 ft

Salzburg Northern Alps
Alpes septentrionales salzbourgeoises
Salzburger Nordalpen
Alpi Settentrionali Salisburghesi

Watzmann (2713 m · 8901 ft), Königssee, Berchtesgadener Land, Bayern, Deutschland

Salzburg Northern Alps

The Hochkönig (2941 m · 9649 ft) is the highest mountain in the Salzburg North Alps, towering above all of the mountains around in a 34 km (21 mi) radius. It is visually and geographically one of the most prominent peaks of the Alps. But far better known is the Watzmann (2713 m · 8901 ft), another one of the Salzburg Northern Alps.

Alpes septentrionales salzbourgeoises

Son nom dit tout. Le Hochkönig (littéralement le haut roi), la plus haute montagne des Alpes septentrionales salzbourgeoises avec 2941 m (9649 ft), domine toutes les montagnes à environ 34 km (21 mi) à la ronde. C'est visuellement et géographiquement l'un des sommets les plus importants des Alpes. Mais le Watzmann est encore plus connu (2713 m · 8901 ft), car il fait justement partie des Alpes septentrionales salzbourgeoises.

Salzburger Nordalpen

Sein Name ist Programm. Der Hochkönig, mit 2941 m (9649 ft) höchster Berg der Salzburger Nordalpen, überragt alle Berge in rund 34 km (21 mi) Umkreis. Damit ist er optisch und geographisch einer der prominentesten Alpengipfel. Doch weitaus bekannter ist der Watzmann (2713 m · 8901 ft), der ebenfalls zu den Salzburger Nordalpen zählt.

Alpes septentrionales salzburgueses

Su nombre siempre aparece. El Hochkönig con 2941 m (9649 ft) de altura es la montaña más alta de los Alpes septentrionales salzburgueses. Sobresale entre todas las montañas en un radio de 34 km (21 mi). Tanto visual como geográficamente es una de las cimas alpinas más conocidas. Aunque mucho más famoso es incluso el Watzmann (2713 m · 8901 ft) que también se encuentra en los Alpes septentrionales salzburgueses.

Alpi Settentrionali Salisburghesi

Già il nome è un programma. L'Hochkönig, con i suoi 2941 m (9649 ft) è la montagna più alta delle Alpi Settentrionali Salisburghesi, superando di gran lunga tutti i monti nell'arco di 34 km (21 mi). Perciò è considerato dal punto di vista ottico e geografico una delle vette alpine più prominenti. Non è da meno il Watzmann (2713 m · 8901 ft), che fa parte sempre delle Alpi Settentrionali Salisburghesi.

Salzburger Nordalpen

Zijn naam zegt genoeg: de Hochkönig, de hoogste berg van de Salzburger Nordalpen, steekt met 2941 m (9649 ft) in een omtrek van 34 km (21 mi) boven alle bergen uit. Daardoor is hij optisch en geografisch een van de meest prominente Alpentoppen. Toch is de Watzmann (2713 m · 8901 ft), die ook in de Salzburger Noord-Alpen ligt, veel bekender.

◂
Hoher Göll (2522 m · 8274 ft), Berchtesgadener Land, Bayern, Deutschland

◂◂
Hochkönig (2941 m · 9649 ft), Salzburger Land, Österreich

▸▸
Watzmann (2713 m · 8901 ft)), Berchtesgadener Land, Bayern, Deutschland

Reiter Alm (2286 m · 7500 ft), Berchtesgadener Alpen, Bayern, Deutschland/Salzburg, Österreich

Shrouded in legend and the symbol of Berchtesgaden: the Watzmann (2713 m · 8901 ft). Its east wall is still considered one of the most dangerous in the Alps.

Légendaire point de repère de Berchtesgaden, montagne du destin : le Watzmann (2713 m · 8901 ft). Jusqu'à aujourd'hui, son mur est considéré comme l'un des plus dangereux des Alpes.

Sagenumwobenes Wahrzeichen Berchtesgadens, Schicksalsberg – der Watzmann (2713 m · 8901 ft). Bis heute gilt die Ostwand als eine der gefährlichsten Wände in den Alpen.

◂◂
Königssee (603 m · 1978 ft), Watzmann (2713 m · 8901 ft), Berchtesgadener Land, Bayern, Deutschland

Wimbachgries, Watzmann (2713 m · 8901 ft), Berchtesgadener Land, Bayern, Deutschland

Berchtesgadens: Emblemático símbolo, rodeado de leyendas. El Watzmann (2713 m · 8901 ft) es conocida como la montaña del destino. La ladera este sigue siendo considerada como una de las laderas más peligrosas de los Alpes.

Simbolo leggendario di Berchtesgaden, la montagna del destino: il Watzmann (2713 m · 8901 ft). Fino ad oggi la parete est viene considerata una delle più pericolose delle Alpi.

De Watzmann (2713 m · 8901 ft) of 'Noodlotberg', het met mythen omgeven symbool van Berchtesgaden. De oostwand geldt nog altijd als een van de gevaarlijkste Alpenwanden.

►►
Hintersee (800 m · 2625 ft), Hochkalter (2607 m · 8553 ft), Berchtesgadener Land, Bayern, Deutschland

Sulzenalm (1560 m · 5118 ft), Bischofsmütze (2458 m · 8064 ft), Salzburger Land, Österreich

Alpine huts are an important part of the rural mountain landscape. But after their use declined in recent decades, many have become islands of peace for all those who want to escape the daily grind for a few hours.

Les pâturages sont une partie importante du paysage rural de montagne. Et bien que l'économie pastorale ait perdu son importance ces derniers siècles, de nombreux refuges sont devenus des havres de paix qui permettent d'échapper à la frénésie du quotidien pendant quelques heures.

Almen sind ein wichtiger Bestandteil der bergbäuerlichen Kulturlandschaft. Doch nachdem die Almwirtschaft in den letzten Jahrzehnten an wirtschaftlicher Bedeutung verloren hat, sind viele Hütten inzwischen zu Inseln der Ruhe geworden für alle jene, die der Alltagshektik für einige Stunden entfliehen wollen.

Los pastos alpinos son un elemento importante del paisaje cultural rural de montaña. Aunque desde que en las últimas décadas la explotación de los pastos perdió importancia económica, muchas cabañas se han convertido en refugios para todos aquellos que quieran escapar por algunas horas del estrés cotidiano.

I pascoli sono una componente fondamentale del paesaggio montuoso. Dopo che l'economia dei pascoli ha perso di importanza negli ultimi decenni, i rifugi sono diventati un'isola di pace per tutti coloro che vogliono evadere dal trantran quotidiano anche solo per poche ore.

Almen zijn een belangrijk onderdeel van het agrarische cultuurlandschap in de bergen. Nadat de exploitatie van de bergweiden de laatste decennia sterk aan economische betekenis heeft verloren, zijn veel hutten oases van rust geworden voor iedereen die het hectische leven van alledag wil ontvluchten.

►
Bindalm, Klausbachtal, Nationalpark Berchtesgaden, Mühlsturzhörer (2234 m · 7329 ft), Oberbayern, Bayern, Deutschland

►►
Hochkönig (2941 m · 9649 ft), Berchtesgadener Alpen, Salzburg, Österreich

Ramsau, Reiter Alm (2286 m · 7500 ft), Berchtesgadener Alpen,
Bayern, Deutschland

◂
Ramsau, Ramsauer Dolomiten, Berchtesgadener Land, Bayern,
Deutschland

▸▸
Jenner (1874 m · 6148 ft), Hohes Brett (2340 m · 7677 ft), Bayern,
Deutschland/Salzburg, Österreich

Hoher Dachstein

2995 m · 9826 ft

Upper Austrian/Salzkammergut Alps
Alpes du Salzkammergut et de Haute-Autriche
Oberösterreichisch-Salzkammerguter Alpen
Alpi del Salzkammergut e dell'Alta Austria

Loser (1837 m · 6027 ft), Ausseerland, Steiermark, Österreich

Upper Austrian/Salzkammergut Alps

Spectacular natural beauty with a view: the Upper Austrian/Salzkammergut Alps. The highest peak, the Hoher Dachstein (2995 m · 9826 ft) is home to the oldest via ferrata in the world. It was built in 1843 and is only suitable for experienced mountaineers. Especially in bad weather conditions, overcoming the crevasse is quite a challenge.

Alpes du Salzkammergut et de Haute-Autriche

Une beauté naturelle spectaculaire avec vue : les Hautes Alpes autrichiennes de Salzkammergut. La plus ancienne via ferrata du monde conduit au plus haut sommet, le Haut Dachstein (2995 m · 9826 ft). Il a été construit en 1843 et est réservé aux alpinistes expérimentés. Le passage au-dessus de la crevasse est un véritable défi, surtout par mauvais temps.

Oberösterreichisch-Salzkammerguter Alpen

Spektakuläre Naturschönheiten mit Ausblick: die Oberösterreichisch-Salzkammerguter Alpen. Zum höchsten Gipfel, dem Hohen Dachstein (2995 m · 9826 ft), führt der älteste Klettersteig der Welt. Er wurde bereits 1843 errichtet und ist nur für geübte Alpinisten geeignet. Vor allem bei schlechten Witterungsverhältnissen wird die Überwindung der Randkluft zur Herausforderung.

Alpes del Salzkammergut y de Alta Austria

Parajes naturales de espectacular belleza con vistas, esto son los Alpes del Salzkammergut y de Alta Austria. La vía ferrata más antigua del mundo conduce hacia el Hoher Dachstein (2995 m · 9826 ft), el pico más alto de esta región. Su cima fue alcanzada por primera vez en 1843. Es únicamente recomendable para experimentados alpinistas. Resulta difícil superar la brecha entre el testero del campo de nieve y la roca adyacente conocida como randkluft, sobre todo cuando las condiciones meteorológicas son adversas.

Alpi del Salzkammergut e dell'Alta Austria

Bellezze naturali a dir poco spettacolari con vista panoramica: le Alpi del Salzkammergut e dell'Alta Austria. Tra le vette più alte, l'Hohen Dachstein (2995 m · 9826 ft), con la via ferrata più antica del mondo. È stata creata nel 1843 ed è adatta solo agli alpinisti professionisti. Soprattutto in caso di condizioni atmosferiche avverse, può diventare particolarmente impegnativo superare il crepaccio.

Salzkammergut en Opper-Oostenrijkse Alpen

Spectaculaire natuurschoonheden met uitzicht: Salzkammergut en Opper-Oostenrijkse Alpen. De hoogste top, de Hohe Dachstein (2995 m · 9826 ft), is bereikbaar via de oudste via ferrata of Klettersteig van de wereld. Hij werd al in 1843 aangelegd en is alleen voor geoefende alpinisten geschikt. Vooral onder slechte weersomstandigheden is de bedwinging van de gletsjerspleet een uitdaging.

◂
Loserfenster, Totes Gebirge, Oberösterreich/Steiermark, Österreich

▸▸
Schiederweiher (612 m · 2008 ft), Großer Priel (2515 m · 8251 ft), Oberösterreich/Steiermark, Österreich

Spinnerin (1725 m · 5660 ft), Schafberg (1782 m · 5847 ft),
Salzburg/Oberösterreich, Österreich

A gigantic fortress of rock and ice: the Dirndl with its two towering peaks on the southern rim of the Dachstein Plateau. The steep cliff wall drops 500 m (1640 ft).

Une forteresse gigantesque de roche et de glace : le Dirndl avec ses deux imposants sommets, sur le flanc sud du Plateau du Dachstein. La paroi rocheuse forme un à pic de 500 m (1640 ft).

Eine gigantische Festung aus Fels und Eis: die Dirndl mit ihren zwei turmartigen Spitzen, Südkante des Dachsteinplateaus. 500 m (1640 ft) tief fällt die steile Felswand ab.

Dirndl: Una enorme fortaleza de rocas de hielo con dos cimas en forma de torre al borde meridional del altiplano del Hoher Dachstein. Desde el escarpado peñón hay un precipicio de 500 m (1640 ft).

Una fortezza gigante di roccia e ghiaccio: il monte Dirndl con due punte affilate, dal lato meridionale dell'altopiano di Dachstein. La parete rocciosa precipita per 500 m (1640 ft) di profondità.

Een gigantische vesting van rots en ijs: de Dirndl met zijn twee torenachtige spitsen aan de zuidkant van het Dachsteinplateau. De steile rotswand is 500 m (1640 ft) hoog.

◂
Dirndl (2832 m · 9291 ft), Dachsteingebirge, Oberösterreich/Steiermark, Österreich

◂◂
Schafberg (1782 m · 5847 ft), Mondsee (481 m · 1578 ft), Salzburg/Oberösterreich, Österreich

Alberfeldkogel (1707 m · 5600 ft), Höllengebirge, Oberösterreich, Österreich

◂◂
Thorhöhe (1533 m · 5030 ft), Osterhorngruppe, Salzburger Kalkalpen, Österreich

Katrin (1544 m · 5066 ft), Katergebirge, Salzkammergut-Berge, Österreich

►►
Bischofsmütze (2458 m · 8064 ft), Dachsteingebirge, Salzburg, Österreich

Hochtor

2369 m · 7772 ft

Styrian Northern Alps
Alpes septentrionales de Styrie
Steirische Nordalpen
Alpi Settentrionali di Stiria

Nationalpark Gesäuse, Ennstaler Alpen (2369 m · 7772 ft), Steiermark, Österreich

Styrian Northern Alps

Majestic mountains with white limestone peaks, surrounded by the deep green of the lowland forests to the alpine larch and pine forests. The highest peak is the Hochtor (2369 m · 7772 ft). The Gesäuse National Park is home to otters and spotted salamander, grouse and bats, eagles and marmots.

Alpes septentrionales de Styrie

Des montagnes majestueuses, avec des pics de calcaire blanc entourés de forêts d'un vert profond – des forêts alluviales aux forêts de mélèzes. Les Alpes septentrionales de Styrie dont le plus haut sommet est le Hochtor (2369 m · 7772 ft). Dans le Parc national de Gesäuse, loutres et salamandres maculées, gélinottes et chauves-souris, aigles et marmottes sont chez elles.

Steirische Nordalpen

Majestätische Berge mit weißen Kalkgipfeln, eingebettet in tiefgrüne Wälder – von Auwäldern bis zu alpinen Lärchen-Zirbelwäldern. Die Steirischen Nordalpen, deren höchster Berg das Hochtor (2369 m · 7772 ft) ist. Im Nationalpark Gesäuse sind Fischotter und Feuersalamander, Auerhühner und Fledermäuse, Steinadler und Murmeltiere zuhause.

Alpes de Estiria meridionales

Majestuosas montañas con blancas cumbres calcáreas, anidadas en bosques de ribera, de alerces y de pinos cembros de un verde profundo. Estos son los Alpes de Estiria meridionales, cuyo pico más alto es el Hochtor (2369 m · 7772 ft). El Parque nacional Gesäuse alberga nutrias, salamandras, urogallos y murciélagos, águilas reales y marmotas.

Alpi Settentrionali di Stiria

Maestose montagne con bianche vette di origine calcarea nel bel mezzo di foreste verdi di vario tipo, da quelle selvatiche a quelle tipiche alpine di larici e cembri. Alpi Settentrionali di Stiria, la cui montagna più alta è l'Hochtor (2369 m · 7772 ft). Nel parco nazionale Gesäuse hanno trovato il loro habitat animali come lontre europee e salamandre pezzate, urogalli e pipistrelli, aquile reali e marmotte.

Stiermarkse Noord-Alpen

Majesteitelijke bergen met witte kalktoppen, omgeven door donkergroene wouden, variërend van loofbos tot alpiene lariks- en dennenbossen. De hoogste berg in de Stiermarkse Noord-Alpen is de Hochtor (2369 m · 7772 ft). In het Nationaal Park Gesäuse zijn visotters en vuursalamanders, auerhoenders en vleermuizen, steenarenden en marmotten inheems.

◂
Leopoldsteiner See (628 m · 2060 ft), Hochschwabgruppe (2277 m · 7471 ft), Steiermark, Österreich

▸▸
Hochschwabgruppe (2277 m · 7471 ft), Steiermark, Österreich

Nationalpark Gesäuse, Großer Ödstein (2335 m · 7661 ft), Ennstaler Alpen, Steiermark, Österreich

►►
Wildkamm (1874 m · 6148 ft), Mürzsteger Alpen, Steiermark, Österreich

Hohe Veitsch (1981 m · 6499 ft), Mürzsteger Alpen, Steiermark, Österreich

◂
Rax (2007 m · 6585 ft), Rax-Schneeberg-Gruppe, Steiermark/Niederösterreich, Österreich

▸▸
Eisenerzer Reichenstein (2165 m · 7103 ft), Steiermark, Österreich

Hochstadl
1919 m · 6296 ft
Lower Austrian Alps
Alpes de Basse-Autriche
Niederösterreichische Alpen
Alpi della Bassa Austria

Hohe Wand (1132 m · 3714 ft), Gutensteiner Alpen, Niederösterreich, Österreich

Lower Austrian Alps
The Lower Austrian Alps extend from the hot springs area in the east to the southern part of Lower Austria. These include the Vienna Woods, the Gutenstein and Traisen Alps, and the Ötsche massif. The Vienna Basis lies at the feet of those hiking the high plateau in the Hohe Wand Nature Park. Forests and meadows from a bird's-eye view.

Alpes de Basse-Autriche
Les Alpes de Basse-Autriche vont de Thermenland à l'est, à la partie sud de la Basse-Autriche. Elles comprennent entre autres le Wienerwald, le Gutenstein et les Alpes Traisiennes, ainsi que le massif d'Ötscher. Sur le haut plateau du parc naturel Hohe Wand, les randonneurs ont le bassin viennois à leurs pieds. Forêts et prairies vues du ciel.

Niederösterreichische Alpen
Die Niederösterreichischen Alpen reichen vom Thermenland im Osten bis zum südlichen Teil Niederösterreichs. Dazu gehören unter anderem der Wienerwald, die Gutensteiner- und die Traisen-Alpen sowie das Ötschemassiv. Auf dem Hochplateau im Naturpark Hohe Wand liegt den Wanderern das Wiener Becken zu Füßen. Wälder und Wiesen aus der Vogelperspektive.

Alpes de Baja Austria
Los Alpes de Baja Austria se extienden desde el Thermenland, la región termal del este, hasta la parte sur de Baja Austria. A ellos pertenecen, entre otros, los Bosques de Viena, los Alpes de Gutenstein y de Traisen, así como el macizo de Ötscher. En el altiplano del parque natural Hohe Wand el senderista está justo en los pies de la cuenca de Viena. Bosques y prados a vista de pájaro.

Alpi della Bassa Austria
Le Alpi della Bassa Austria si estendono dal Thermenland a est fino alla parte meridionale della regione. Ne fanno parte, tra le altre, la selva Viennese, le Prealpi Orientali della Bassa Austria e di Traisen e l'Ötscher. Sull'altopiano del parco naturale regionale Hohe Wand gli escursionisti potranno avere il bacino di Vienna ai loro piedi. Prati e foreste dalla prospettiva degli uccelli.

Neder-Oostenrijkse Alpen
De Neder-Oostenrijkse Alpen strekken zich uit van Thermenland in het oosten tot het zuidelijk deel van Neder-Oostenrijk. Tot het massief behoren onder meer het Wienerwald, de Gutensteiner- en de Traisen-Alpen en het Ötschermassief. Het Wiener Becken op de hoogvlakte in natuurpark Hohe Wand een walhalla voor wandelaars. Wouden en weiden in vogelperspectief.

◂
Cimone/Peilstein (716 m · 2349 ft), Wienerwald, Niederösterreich, Österreich

▸▸
Peilstein (716 m), Wienerwald, Niederösterreich, Österreich

Rax (2007 m · 6585 ft), Niederösterreich / Steiermark, Österreich

◂◂
Pellstein (716 m · 2349 ft), Triestingtal, Niederösterreich, Österreich

▸
Kalte-Rinne-Viadukt (813 m · 2667 ft), Niederösterreich, Österreich

Wienerwald, Niederösterreich, Österreich

►►
Ybbstaler Alpen (1919 m · 6266 ft), Oberösterreich / Niederösterreich / Steiermark, Österreich

Ortler · Ortles

3905 m · 12 812 ft

Southern Rhaetian Alps · Alpes rhétiques du sud
Südliche Rätische Alpen · Alpi Retiche meridionali

Nonstal, Trentino-Südtirol, Italien / Val di Non, Trentino-Alto Adige, Italia

Southern Rhaetian Alps

Ortler is the highest peak in the Southern Rhaetian Alps. Standing 3905 m (12812 ft) above sea level, it attracts climbers, nature lovers and tourists from all over the world. It is hard to believe that this area was only awakened from its slumber a century ago.

Alpes rhétiques du sud

Les Tyroliens du sud appellent respectueusement Roi Ortler le plus haut sommet des Alpes rhétiques du sud. Le sommet de 3905 m (12812 ft) de haut attire les alpinistes, les amoureux de la nature et les touristes du monde entier. Difficile de croire que la région d'Ortler ne s'est réveillée de son long sommeil que depuis une centaine d'années environ.

Südliche Rätische Alpen

König Ortler nennen die Südtiroler den höchsten Gipfel der Südlichen Rätischen Alpen respektvoll. Der 3905 m (12812 ft) hohe Berg ist Anziehungspunkt für Alpinisten, Naturfreunde und Touristen aus aller Welt. Kaum zu glauben, dass das Ortler-Gebiet erst vor rund 100 Jahren aus seinem Dornröschenschlaf erwacht ist.

Alpes Réticos meridionales

Los sudtiroleses llaman el pico más alto de los Alpes Réticos meridionales con mucho respeto: König Ortler (Rey Ortles). La montaña de 3905 m (12812 ft) de altura es un importante punto de interés para alpinistas, amantes de la naturaleza y turistas de todo el mundo. Parece casi imposible creer que la región del Ortles haya despertado de un sueño profundo hace casi más de 100 años.

Alpi Retiche meridionali

Gli abitanti dell'Alto Adige chiamano la vetta più alta delle Alpi Retiche meridionali il Re Ortles, in segno di rispetto. Con i suoi 3905 m (12812 ft) di altezza, rappresenta una meta particolarmente ambita da alpinisti, amanti della natura e turisti da tutto il mondo. Guardandolo adesso è difficile a credersi, eppure il territorio di Ortles si è sviluppato dal punto di vista turistico da solo 100 anni.

Zuidelijke Rätische Alpen

Zuid-Tirolers spreken respectvol over König Ortler als ze verwijzen naar de hoogste top van de Zuidelijke Rätische Alpen. De 3905 m (12812 ft) hoge berg heeft grote aantrekkingskracht op alpinisten, natuurliefhebbers en toeristen uit de hele wereld. Het is bijna niet te geloven dat het Ortler-gebied pas een eeuw geleden uit zijn honderjarige slaap is ontwaakt.

◄
Churburg, Vinschgau, Trentino-Südtirol, Italien / Val Venosta, Trentino-Alto Adige, Italia

►►
Königspitze (3851 m · 12635 ft), Monte Zebrù (3735 m · 12254 ft), Ortler (3905 m · 12812 ft), Trentino-Südtirol, Italien / Gran Zebrù, Monte Zebrù, Ortles, Trentino-Alto Adige, Italia

Crozzon di Brenta (3135 m · 10 285 ft), Cima Tosa (3173 m · 10 410 ft), Trentino-Alto Adige, Italia / Trentino-Südtirol, Italien

◄

Tovelsee (1777 m · 5830 ft), Naturpark Adamella-Brenta, Trentino-Südtirol / Lago di Tovel, Parco nationale Adamello Brenta, Trentino-Alto Adige, Italia

◄◄

Val Nambrone, Naturpark Adamella-Brenta, Trentino-Südtirol, Italien / Parco nationale Adamello Brenta, Trentino-Alto Adige, Italia

►►

Mostizzolo, Sulztal, Trentino-Südtirol, Italien / Val di Sole, Trentino-Alto Adige, Italia

Grostè Pass (2446 m · 8025 ft), Pietra Grande (2936 m · 9633 ft), Brenta-Gruppe, Trentino-Südtirol, Italien / Passo del Grostè, Trentino-Alto Adige, Italia

►►
Lago delle Rosole (2450 m · 8038 ft), Valfurva, Lombardia / Trentino-Alto-Adige, Italia

Pizzo di Coca

3 052 m · 10 013 ft

Bergamo Alps and Foothills
Alpes et Préalpes bergamasques
Bergamasker Alpen und Voralpen
Alpi e Prealpi Bergamasche

Monte Legnone (2609 m · 8560 ft), Lecco/Sondrio, Lombardia, Italia

Bergamo Alps and Foothills

The Bergamo Alps run for around 80 km (50 mi) through northern Italy, from Lake Como in the west to Lake Iseo in the east. The Valtellina is home to the small village of Bianzone, surrounded by terraced vineyards and apple orchards. A popular destination for cyclists and mountain bikers. Six routes are available for active and recreational vacationers.

Alpes et Préalpes bergamasques

Les Alpes bergamasques s'étendent sur environ 80 km (50 mi) à travers le nord de l'Italie, du lac de Côme à l'ouest, au lac d'Iseo à l'est. Situé dans la vallée de Valteline, le petit village de Bianzone est entouré de vignes en terrasses et de pommeraies. Une destination populaire pour les cyclistes et les vététistes. Les vacanciers sportifs et actifs ont le choix entre six itinéraires.

Bergamasker Alpen und Voralpen

Rund 80 km (50 mi) ziehen sich die Bergamasker Alpen durch Norditalien, vom Comer See im Westen bis zum Iseosee im Osten. Im Veltlintal liegt das kleine Örtchen Bianzone inmitten von Weinterrassen und Apfelplantagen. Ein beliebtes Ziel für Radfahrer und Mountainbiker. Sechs Routen stehen Freizeitsportlern und Aktivurlaubern zur Auswahl.

Alpi Orobie (3052 m · 10 013 ft), Sondrio, Lombardia, Italia

Alpes y Prealpes bergamascos

Los Alpes y Prealpes bergamascos se extienden a lo largo de casi 80 km (50 mi) a través del norte de Italia, desde el Lago de Como al oeste hasta el Lago Iseo al este. En el valle de Valtelina nos topamos con la pequeña localidad de Bianzone en medio de viñedos, cultivados en terrazas, y plantaciones de manzanos. Es un destino popular entre los ciclistas de carretera y de montaña, ya que los amantes del deporte y del turismo activo pueden elegir entre seis rutas.

Alpi e Prealpi Bergamasche

Le Alpi Bergamasche si estendono per circa 80 km (50 mi) dal lago di Como a ovest e il lago di Iseo a est. Nella Valtellina si trova il paesino di Bianzone tra vigneti e meleti. Una meta particolarmente amata dai ciclisti. Tutti quelli che praticano lo sport in vacanza o nel tempo libero possono scegliere tra sei percorsi diversi.

Bergamasker Alpen en Voor-Alpen

De Bergamasker Alpen bestrijken een ongeveer 80 km (50 mi) lange strook in Noord-Italië, tussen het Comomeer in het westen tot het Iseomeer in het oosten. In de Valtellina, temidden van wijn- en appelboomgaarden, ligt Bianzome, een populaire bestemming voor fietsers en mountainbikers. Amateursporters en liefhebbers van een actieve vakantie hebben keuze uit zes routes.

►►
Bianzone, Sondrio, Lombardia, Italia

Cimone della Bagozza (2407 m · 7897 ft), Bergamo, Lombardia, Italia

◂◂
Provincia di Bergamo, Alpi Orobie, Lombardia, Italia

Lago di Procile (2050 m · 6726 ft), Sondrio, Lombardia, Italia

►►
Lago degli Andossi (2035 m · 6677 ft), Valle Spluga, Sondrio, Lombardia, Italia

Cadenabbio, Lago die Como, Como/Lecco, Lombardia, Italia

More than just a fishing village. The village Cadenabbio on the shores of Lake Como barely has 700 residents, but has been attracting artists and politicians for centuries.

Plus qu'un simple village de pêcheurs. Le village de Cadenabbio sur les rives du lac de Côme compte à peine 700 habitants. L'idylle de carte postale attire artistes et politiciens depuis des siècles.

Mehr als nur ein Fischerdorf. Knapp 700 Einwohner zählt das Örtchen Cadenabbio am Ufer des Comer Sees. Die Postkartenidylle zieht seit Jahrhunderten Künstler und Politiker an.

Más que un simple pueblo de pescadores. La pequeña localidad de Cadenabbio al borde del Lago de Como cuenta con tan sólo casi 700 habitantes. El idílico paisaje de postal lleva atrayendo a artistas y políticos desde hace varios siglos.

Molto di più di un semplice villaggio di pescatori. Il paesino di Cadenabbio sulle sponde del lago di Como conta a stento 700 abitanti. Eppure quest'idillio da cartolina affascina da secoli politici e artisti.

Meer dan zomaar een vissersdorp. Bijna 700 inwoners telt het dorpje Cadenabbio aan de oever van het Comomeer. Het ansichtkaart-achtige tafereel trekt al eeuwenlang kunstenaars en politici aan.

◄
Morbegno, Valtellina, Lombardia, Italia

►►
Resegone (1875 m · 6152 ft), Prealpi Lombarde, Lombardia, Italia

Albosaggia, Val del Livrio, Sondrio, Lombardia, Italia

►
Pizzo Arera (2512 m · 8042 ft), Alpi Orobie, Bergamo, Lombardia, Italia

►►
Pizzo del Ferro Orientale (3199 m · 10495 ft), Sondrio, Lombardia, Italia

◄◄
Alpi Orobie (3052 m · 10013 ft), Valtellina, Lombardia, Italia

Monte Cadria

2254 m · 7395 ft

Brescian and Lake Garda Foothills
Préalpes de Brescia et de Garde
Brescianer und Gardasee-Voralpen
Prealpi Bresciane e Gardesane

Ritten, Bozen, Trentino-Südtirol, Italien / Renon, Trentino-Alto Adige, Italia

Brescian and Lake Garda Foothills

Between Lake Garda and Lake Como lie the Brescian and Lake Garda Foothills, with the highest peak being Monte Cadria (2254 m · 7395 ft). The most beautiful views of Lake Garda can be had from Monte Baldo, an easily accessible mountain range on the eastern shore of the lake.

Préalpes de Brescia et de Garde

Les Préalpes de Brescia et de Garde, dont le plus haut sommet est le Monte Cadria (2254 m · 7395 ft), sont situées entre le lac de Garde et le lac de Côme. Les plus belles vues sur le lac de Garde sont celles depuis le Monte Baldo, un chaînon de montagnes bien équipé, sur la rive orientale du lac.

Brescianer und Gardasee-Voralpen

Zwischen dem Gardasee und dem Comer See liegen die Brescianer und Gardasee-Voralpen, deren höchste Berg der Monte Cadria (2254 m · 7395 ft) ist. Der schönste Blick auf den Gardasee bietet sich vom Monte Baldo, einem gut erschlossenen Gebirgszug am Ostufer des Sees.

◂◂
Cime di Ventrar (1751 m · 5745 ft), Monte Baldo, Lago di Garda, Trentino-Alto / Veneto, Italia

Visio, Tremonsine sul Garda, Lago di Garda, Brescia, Lombardia, Italia

Los Prealpes de Brescia y Garda
Los Prealpes de Brescia y Garda transcurren entre el Lago de Garda y el Lago de Como. Su pico más alto es el Monte Cadria (2254 m · 7395 ft). Las mejores vistas sobre el Lago de Garda se pueden observar desde Monte Baldo, una cordillera bastante accesible en la ribera este del lago.

Prealpi Bresciane e Gardesane
Le Prealpi Bresciane e Gardesane si trovano tra il lago di Garda e il lago di Como. La montagna più alta è il Monte Cadria (2254 m · 7395 ft). La visuale più bella sul lago di Garda è offerta dal Monte Baldo, una catena montuosa ben collegata alla sponda orientale del lago.

Brescianer en Gardameer-Voor-Alpen
Tussen het Gardameer en het Comomeer liggen de Brescianer en Gardameer-Voor-Alpen met de Monte Cadria (2254 m · 7395 ft) als hoogste top. Het mooiste uitzicht op het Gardameer biedt de Monte Baldo, een goed ontsloten berg op de oostoever van het meer.

►►
Madonna della Corona (773 m · 2536 ft), Caprino Veronese, Veneto, Italia

Busa Brodeghera (1990 m · 6529 ft), Monte Altissimo di Nago (2079 m · 6821 ft), Monte Baldo, Lago di Garda, Trentino-Alto/Veneto, Italia

►►
Lago di Garda, Brescia/Verona/Trentino-Alto Adige, Italia

Marmolada

3343 m · 10968 ft

Dolomites · Dolomiten
Dolomiti

Val di Fassa, Trentino-Alto Adige, Italia

Dolomites
UNESCO World Heritage Site. The Dolomites are famous not because of their height, but mainly because of its peculiar form. Known for its fairy-tale side valleys that run for miles between the rocky mountain slopes along wild mountain streams to meadows full of color and quaint mountain cottages. The magic of this archaic landscape is impossible to resist.

Dolomites
Patrimoine mondial de l'UNESCO. Les Dolomites sont célèbres non pas à cause de leur hauteur, mais surtout en raison de leur forme particulière. Renommées pour leurs merveilleuses vallées latérales qui cheminent sur des kilomètres entre les versants caillouteux le long de ruisseaux, de montagnes sauvages, à travers les alpages et mènent jusqu'à des refuges pittoresques. La magie de ce paysage archaïque attire tout le monde.

Dolomiten
UNESCO Welterbe. Die Dolomiten sind nicht wegen ihrer Höhe, sondern vor allem wegen ihrer besonderen Form berühmt. Bekannt für traumhafte Seitentäler, die kilometerweit zwischen den steinigen Berghängen entlang an wilden Gebirgsbächen über satte Almwiesen hinauf zu urigen Hütten führen. Der Zauber dieser archaischen Landschaft zieht jeden in seinen Bann.

Dolomitas
Patrimonio cultural de la Unesco. Los Dolomitas no se han hecho famosos por su altura, sino sobre todo por su particular forma. Conocidos por los idílicos valles de sus laderas, paralelas a los escarpados precipicios, por los que durante kilómetros transcurren salvajes arroyos de montaña, a través de pastos alpinos hasta alcanzar singulares cabañas. El encanto de este paisaje tan arcaico atrae a todo el que lo visita.

Dolomiti
Patrimonio mondiale dell'UNESCO. Le Dolomiti sono famose non soltanto per la loro altezza, ma soprattutto per la loro forma caratteristica. Note per le vallate da sogno, che si estendono per chilometri tra i monti e costeggiano torrenti di montagna, attraversano alpeggi e conducono fino alle tipiche baite. Impossibile resistere alla magia di questo paesaggio arcaico.

Dolomieten
UNESCO-werelderfgoed. De Dolomieten danken hun bekendheid niet aan hun hoogte maar aan hun bijzondere vorm. Karakteristiek zijn de prachtige zijdalen, die kilometerslang tussen rotsige bergwanden langs onstuimige bergbeken over grazige alpenweiden naar hooggelegen, authentieke berghutten leiden. Een betoverend archaïsch landschap dat fascinerend is en blijft.

◂
Passo di Geau (2236 m · 7336 ft), Monte Nuvolau (2574 m · 8445 ft), Veneto, Italia

▸▸
Langkofelgruppe (3181 m · 10436 ft), Trentino-Südtirol, Italien / Gruppo del Sassolungo, Trentino-Alto Adige, Italia

Tofana di Rozes (3225 m · 10581 ft), Belluno, Veneto, Italia

A challenge for mountaineers: the Vajolet Towers, a fantastic rock formation in the rose garden area in Bolzano. The main peak rises 2812 m (9226 ft) in the South Tyrolean sky.

Un défi pour les alpinistes – les tours du Vajolet – une fantastique formation rocheuse de la région du Jardin des Roses à Bolzano. La tour principale s'élève à 2812 m (9226 ft) dans le ciel sud-tyrolien.

Eine Herausforderung für Alpinisten – die Vajolet-Türme, eine fantastische Felsformation im Rosengartengebiet bei Bozen. 2812 m (9226 ft) ragt der Hauptturm in den Südtiroler Himmel.

Las Torres del Vajolet son todo un reto para los alpinistas. Se trata de una espectacular formación rocosa en la región del Rosengarten en Bolzano. Su torre más alta se erige sobre 2812 m (9226 ft) de altura hacia el cielo sudtirolés.

Una sfida per gli alpinisti: le torri del Vajolet, una formazione rocciosa fantastica nel Rosengartengebiet nella provincia di Bolzano.La Torre Principale si erge verso il cielo dell'Alto Adige con ben 2812 m (9226 ft) di altezza.

Een uitdaging voor alpinisten – de Vajolet-torens, een fantastische rotsformatie in het Rosengartenmassief bij Bolzano. 2812 m (9226 ft) hoog reikt de hoofdspits naar de hemel boven Zuid-Tirol.

◂
Vajolet-Türme (2812 m · 9226 ft), Rosengartengruppe, Trentino-Südtirol, Italien / Torri del Vajolet, Catinaccio, Trentino-Alto Adige, Italia

◂◂
Drei Zinnen (2999 m · 9839 ft), Trentino-Südtirol, Italien / Tre Cime di Lavaredo, Trentino-Alto Adige, Italia

▸▸
Col di Lana (2452 m), Settsass (2571 m), Belluno, Veneto, Italia

The evening sun bathes the mountains around the Lago di Limides in its evening glow. Away from the major climbing and walking routes, nature seems to have remained untouched here for thousands of years. A place of retreat for humans and animals.

Au soleil couchant, le paysage de montagne éclaire doucement le lac des Limides. Ici, loin des grands itinéraires d'escalade et de marche, la nature semble être restée intacte depuis des millénaires. Lieu de retraite pour les hommes et les animaux.

Sanft leuchtet die Berglandschaft um den Lago di Limides in der Abendsonne. Abseits der großen Kletter- und Wanderrouten scheint hier die Natur über Jahrtausende unberührt geblieben zu sein. Rückzugsort für Mensch und Tier.

Paisajes de montaña con tenues luces de color brillan en el Lago de Limides al anochecer. Lejos de las grandes vías ferratas y rutas de senderismo parece que la naturaleza no haya sido molestada por miles de años. Es un fantástico lugar de retiro espiritual para personas y animales.

Il paesaggio montuoso si illumina delicatamente al tramonto intorno al lago di Limides. La natura di questo territorio, lontana dalla grandi mete di arrampicata ed escursioni, sembra essere rimasta inviolata nel corso dei millenni. Ritiro per gli uomini e gli animali.

In gedempte kleuren licht het berglandschap rond het Lago di Limides op in de avondzon. Naast de grote klettersteig- en wandelroutes lijkt de natuur hier duizenden jaren lang onaangeroerd te zijn gebleven. Toevluchtsoord voor mens en dier.

◄
Lago di Limides, Belluno, Veneto, Italia

Monte Cristallo (3 221 m · 10 568 ft), Dolomiti Ampezzane, Belluno, Veneto, Italia

On fine days, Monte Cristallo (3 221 m · 10 568 ft) offers magnificent panoramic views, from the icy glacier of Marmolada to the Braies and Ampezzo Alps to the majestic peaks of the Sesto Dolomites.

Aux beaux jours, le Mont Cristallo (3 221 m · 10 568 ft) offre, depuis le glacier de Marmolada, une magnifique vue panoramique sur les Alpes de Braies et ampezzanes, jusqu'aux sommets majestueux des Dolomites de Sesto.

An schönen Tagen bietet der Monte Cristallo (3 221 m · 10 568 ft) eine grandiose Fernsicht, vom eisigen Gletscher der Marmolata über die Pragser und Ampezzaner Alpen bis zu den majestätischen Gipfeln der Sextener Dolomiten.

Durante los días más soleados, el Monte Cristallo (3 221 m · 10 568 ft), ofrece unas magníficas vistas hacia lo lejos. Desde allí se pueden apreciar las placas de hielo del Glaciar de Marmorata, los Alpes de Braies y de Ampezzo, hasta las imponentes cimas de las Dolomitas de Sesto.

Con le belle giornate il Monte Cristallo (3 221 m · 10 568 ft) offre una vista grandiosa, che va dal ghiacciaio della Marmolada attraverso le Dolomiti di Braies e di Ampezzo fino alle vette delle Dolomiti di Sesto.

Bij mooi weer biedt de Monte Cristallo (3 221 m · 10 568 ft) een grandioos vergezicht van de met gletsjerijs bedekte Marmolata over de Pragser en Ampezzaner Alpen tot de statige toppen van de Sextener Dolomieten.

►

Pomagagnon (2 450 m · 8 038 ft), Belluno, Veneto, Italia

►►

St. Magdalena (1337 m · 4387 ft), Villnösser Tal, Geisler Gruppe, Bozen, Trentino-Südtirol, Italien / Santa Maddalena, Val di Funes, Gruppo Odle, Trentino-Alto Adige

Rosengarten (3 004 m · 9 856 ft), Trentino-Südtirol, Italien / Catinaccio, Trentino-Alto Adige, Italia

►►
Lago di Misurina (1745 m · 5 725 ft), Gruppo del Sorapiss (3 205 m · 10 515 ft), Belluno, Veneto, Italia

Langkofel (3181 m · 10436 ft), Plattkofel (2969 m · 9741 ft), Trentino-Südtirol, Italien/Sassolungo, Sasso Piatto, Trentino-Alto Adige, Italia

◂
Zwölferkogel (3094 m · 10151 ft), Sextner Dolomiten, Südtirol, Italien/Croda dei Toni, Trentino-Alto Adige, Italia

▸▸
Laghi di Fusine, Monte Mangart (2678 m · 8786 ft), Valorama, Friuli-Venezia Giulia, Italia

Monte Pelmo (3168 m · 10394 ft), Belluno, Veneto, Italia

◄
Lagazuoi (2835 m · 9301 ft), Belluno, Veneto, Italia

►►
Passo Pordoi, Vento/Trentino-Alto Adige, Italia

Lagazuoi (2835 m · 9301 ft), Monte Pelmo (3168 m · 10394 ft),
Belluno, Veneto, Italia

◄
Gran Vernel (3210 m · 10532 ft), Trento, Trentino-Alto Adige, Italia

►►
Lago D'Antorro (1886 m · 6188 ft), Belluno, Veneto, Italia

Col Nudo
2472 m · 8110 ft

Venetian Foothills · Préalpes vénitiennes
Venetische Voralpen · Prealpi Venete

Pieve d'Alpago (690 m · 2264 ft), Belluno, Veneto, Italia

Venetian Foothills
Link between the Dolomites and the Veneto: the Venetian foothills. Like scenic serpents, small roads wind their way through the long valleys and over the mountains, curve by curve. Wine and fruit thrive in the sun-drenched valleys. The peaks offer grand vistas over the Dolomites.

Préalpes vénitiennes
Trait d'union entre les Dolomites et la Vénétie – les Préalpes vénitiennes. De petites routes en serpentinite pittoresque cheminent à travers les longues vallées et, virage après virage, partent à l'assaut de la montagne. Le vin et les fruits s'épanouissent dans des vallées baignées de soleil. Le panorama grandiose sur les Dolomites attire vers les sommets.

Venetische Voralpen
Bindeglied zwischen den Dolomiten und Venetien – die Venetischen Voralpen. In malerischen Serpentinen schlängeln sich kleine Straßen durch die langen Täler und über die Berge, Kurve um Kurve. In den von der Sonne verwöhnten Tälern gedeihen Wein und Obst. Auf den Gipfeln lockt der grandiose Ausblick auf die Dolomiten.

Prealpes venecianos
Los Prealpes venecianos son el nexo de unión entre los Dolomitas y Venecia. Angostas calles serpentean los desfiladeros y montañas, curva tras curva, creando una imagen realmente bucólica. En los soleados valles crecen viñas y árboles frutales. Las imponentes vistas sobre los Dolomitas obligan a ascender a sus cimas.

Prealpi Venete
Le Prealpi Venete sono l'anello di congiunzione tra le Dolomiti e il Veneto. Tra le pittoresche serpentine si avvolgono delle stradine che attraversano le lunghe valli e raggiungono i monti, curva dopo curva. Nelle valli baciate dal sole prosperano vini e frutti. Le vette offrono una vista grandiosa sulle Dolomiti.

Venetiaanse Voor-Alpen
De Venetiaanse Voor-Alpen vormen een schakel tussen de Dolomieten en Venetië. Met schilderachtige serpentinebochten slingeren weggetjes door de lange dalen en over de bergen, bocht na bocht. In de door de zon beschenen dalen worden wijn en graan verbouwd. De toppen bieden een grandioos uitzicht over de Dolomieten.

◂
Valle delle Mura, Massico delle Mura, Veneto, Italia

▸▸
Rubbio (1057 m · 3468 ft), Vicenza, Veneto, Italia

Val Venegia, Trento, Trentino-Alto Adige, Italia

◄
Valle di Cadore, Belluno, Veneto, Italia

►►
Negrar, Valpolicella, Prealpi Veronesi, Veneto, Italia

Monte Grappa (1775 m · 5824 ft), Prealpi Venete, Veneto, Italia

Hohe Warte · Monte Coglians

2780 m · 9121 ft

Carnic Alps · Alpes carniques
Karnische Alpen · Alpi Carniche

Spitzkofel (2717 m · 8914 ft), Lienzer Dolomiten, Tirol, Österreich

Carnic Alps
An above-average number of sunny days, intact natural landscape, cozy inns: the Gail is a holiday paradise for families, sports enthusiasts, and romantics. It lies at the foot of the Carnic ridge at 1350 m (4429 ft) and is one of the snowiest valleys in Austria.

Alpes carniques
Nombre de jours d'ensoleillement supérieur à la moyenne, paysage naturel intact, auberges confortables – La vallée de Gailtal est le paradis des vacances pour les familles, les amateurs de sport et les romantiques. Elle est située au pied de la crête carnique, à 1350 m (4429 ft) d'altitude et est l'une des vallées les plus enneigées d'Autriche.

Karnische Alpen
Überdurchschnittlich viele Sonnentage, intakte Naturlandschaften, gemütliche Gasthöfe – das Gailtal ist ein Urlaubsparadies für Familien, Sportbegeisterte und Romantiker. Es liegt am Fuß des Karnischen Kamms auf 1350 m (4429 ft) Höhe und ist eines der schneesichersten Täler Österreichs.

Alpes cárnicos
Cuentan con más días de sol que la media, con paisajes naturales vírgenes y acogedoras posadas. El valle Gali es un paraíso vacacional para familias, fanáticos de los deportes y románticos empedernidos. Está a los pies del cerro cárnico a 1350 m (4429 ft) de altura y es uno de los valles de Austria con mayor seguridad frente a la nieve.

Alpi Carniche
Giorni di sole superiori alla media, paesaggi naturali intatti, pensioni confortevoli: la Gailtal è un paradiso per le vacanze di famiglie, appassionati di sport e per i più romantici. Si trova ai piedi della Catena Carnica su 1350 m (4429 ft) di altezza ed è una valle dove la neve è assicurata.

Karnische Alpen
Meer dan bemiddeld veel dagen zon, ongerepte natuurlandschappen en gezellige Gasthöfe: het Gailtal is een vakantieparadijs voor gezinnen, sportievelingen en romantici. Het ligt aan de voet van de Karnische Kamm op 1350 m (4429 ft) hoogte en is een van de sneeuwrijkste dalen van Oostenrijk.

◂
St. Oswald (1319 m · 4327 ft), Gailtal, Bad Kleinkirchheim, Kärnten, Österreich

▸▸
Lienzer Dolomiten, Tirol, Österreich

Hochweißsteinhaus, Weißsteinspitze (2462 m · 8077 ft), Kärnten, Österreich

More than 1300 cabins offer accommodation and protection in the Alps. Like the Hochweisssteinhaus on the Carnic trail between Frohnalm and Öfer Joch.

Les Alpes offrent gîte et abri avec plus de 1300 chalets. Comme le chalet Hochweißsteinhaus, sur le sentier de montagne carnique, entre Frohnalm et Öfer Joch.

Über 1300 Hütten bieten in den Alpen Unterkunft und Schutz. Wie das Hochweißsteinhaus am Karnischen Höhenweg zwischen Frohnalm und Öfer Joch.

◂◂
Ampezzo, Udine, Friuli-Venezia Giulia, Italia

Rosskofel (2240 m · 7349 ft), Karnischer Hauptkamm, Kärnten, Österreich

Más de 1300 cabañas ofrecen en los Alpes alojamiento y refugio. Buen ejemplo de ello es el refugio Hochweißsteinhaus en los senderos cárnicos a una altura elevada entre el Frohnalm y el Öfer Joch.

Più di 1300 baite offrono ospitalità e protezione nelle Alpi. Proprio come la Hochweißsteinhaus sull'alta via Carnica tra Frohnalm e Giogo Veranis.

Meer dan 1300 hutten bieden in de Alpen onderkomen en beschutting, zoals het Hochweißsteinhaus aan de Karnischen Höhenweg tussen Frohnalm en Öfer Joch.

►►
Pic di Mea, Alpi Carniche, Udine, Friuli-Venezia Giulia, Italia

Monte Buscada (2180 m · 7152 ft), Alpi Carniche, Udine,
Friuli-Venezia Giulia, Italia

◄
Hohe Warte (2780 m · 9121 ft), Karnische Alpen, Kärnten, Österreich

◄◄
Wolayer See (1951 m · 6401 ft), Karnischer Hauptkamm, Kärnten,
Österreich

►►
Creta delle Chianevate, Udine, Friuli-Venezia Giulia, Italia /
Kellerspitzen (2774 m · 9101 ft), Kärnten, Österreich

Triglav
2864 m · 9396 ft

Julian Alps · Alpes juliennes
Julische Alpen · Alpi Giulie

Loška Koritnica, Julijske Alpe, Slovenija

Julian Alps
One of the oldest nature reserves in the world: the Triglav National Park, named after the highest peak in the Julian Alps, the Triglav (2864 m · 9396 ft). In the center of the national park is the Loška Koritnica Valley. The view extends over meadows, pastures, and forests to the famous Loške cliffs, the longest mountain wall in Slovenia.

Alpes juliennes
L'une des plus anciennes réserves naturelles dans le monde : Le parc national du Triglav, du nom du plus haut sommet des Alpes juliennes, le Triglav (2864 m · 9396 ft). La vallée de Lo ka Koritnica est située au centre du parc national. Par-delà prairies, pâturages et forêts, la vue s'étend jusqu'à la célèbre paroi des Lo ke, la plus longue paroi de montagne de Slovénie.

Julische Alpen
Einer der ältesten Naturparks der Welt: Der Triglav Nationalpark, benannt nach dem höchsten Berg der Julischen Alpen, dem Triglav (2864 m · 9396 ft). Im Zentrum des Nationalparks liegt das Loška Koritnica Tal. Über Wiesen, Weiden und Wälder reicht der Blick bis zu den berühmten Loške-Felswänden, der längsten Gebirgswand Sloweniens.

Dolomiti Pesarine, Alpi Carniche, Udine, Friuli-Venezia Giulia, Italia

Alpes julianos
Uno de los parque naturales más antiguos del mundo, el parque nacional del Triglav, toma su nombre del pico más alto de los Alpes julianos, el Triglav (2864 m · 9396 ft). En el centro del parque nacional se encuentra el valle de Loška Koritnica. La mirada se pierde entre prados, pastos y bosques hasta alcanzar las famosas peñas escarpadas de Loške, la cordillera más larga de toda Eslovenia.

Alpi Giulie
Tra i parchi naturali più antichi del mondo: Il parco nazionale del Tricorno, che deve il suo nome alla montagna più alta delle Alpi Giulie, il monte Tricorno (2864 m · 9396 ft). Al centro del parco nazionale si trova la Valle del Loška Koritnica. Tra prati, pascoli e foreste è possibile vedere fino alle famosissime pareti rocciose del Loške, le più lunghe della Slovenia.

Julische Alpen
Een van de oudste natuurparken ter wereld is het Nationaal Park Triglav, genoemd naar de hoogste berg van de Julische Alpen, de Triglav (2864 m · 9396 ft). Midden in het park ligt de Loška Koritnica-vallei. Over almen, weilanden en bossen reikt de blik tot aan de beroemde Loške-rotswanden, de langste bergwand van Slovenië.

►►
Triglavski narodni park, Julijske Alpe, Slovenija

Monte Zermula (2143 m · 7031 ft), Udine, Friuli-Venezia Giulia, Italia

◂
Jôf di Montasio (2754 m · 9035 ft), Udine, Friuli-Venezia Giulia, Italia

◂◂
Blejsko jezero (502 m · 1647 ft), Gorenjska, Slovenija

▸▸
Loške stene, Loška Koritnica, Julijske Alpe, Slovenija

Krn (2244 m · 7362 ft), Julijske Alpe, Slovenija

◂
Vrata, Julijske Alpe, Slovenija

◂◂
Prisojnik (2547 m · 8356 ft), Julijske Alpe, Slovenija

▸▸
Lago di Fusine, Tarvisio, Udine, Friuli-Venezia Giulia, Italia

Grintovec

2558 m · 8392 ft

Carinthian-Slovenian Alps
Alpes de Carinthie et de Slovénie
Kärntnerisch-Slowenische Alpen
Alpi di Carinzia e di Slovenia

Feistritzerspitze (2113 m · 6932 ft), Karawanken, Kärnten, Österreich

Carinthian-Slovenian Alps
At the east end of the Karawanken rises the Petzen massif, the border between southern Carinthia and Slovenia and part of the Carinthian-Slovenian Alps. The broad Feistritzerspitze (2113 m · 6932 ft), also called Hochpetzen, is a very popular destination for trekkers.

Alpes de Carinthie et de Slovénie
Frontière entre la Carinthie du Sud et la Slovénie, la Petzen – qui fait partie des Alpes de Carinthie et de Slovénie – se dresse à l'extrême est du massif des Karavanken. Le Feistritzer Spitze (2113 m · 6932 ft), au sommet largement arrondi et également appelé Hochpetzen, est très fréquenté par les randonneurs.

Kärntnerisch-Slowenische Alpen
Am Ostende der Karawanken erhebt sich das Petzenmassiv, Grenze zwischen Südkärnten und Slowenien, Teil der Kärntnerisch-Slowenischen Alpen. Die breitkuppige Feistritzerspitze (2113 m · 6932 ft), auch Hochpetzen genannt, ist ein vielbesuchtes Ziel für Tourenwanderer.

Alpes de Carintia y de Eslovenia
Al terminar la parte este de las montañas Karawanke se levanta el macizo de Petz que forma frontera natural entre Carintia del Sur y Eslovenia. Pertenece a la parte de los Alpes Eslovenos de Carintia. El Pico de Feistriz (2113 m · 6932 ft), cuya cima es realmente ancha, también conocida como Hochpetzen, es un destino muy visitado por los senderistas.

Alpi di Carinzia e di Slovenia
Sulla parte orientale della Caravanche si erge il Petzen, che segna il confine tra la Carinzia del Sud e la Slovenia, e fa parte della catena delle Alpi di Carinzia e Slovenia. Il Feistritzer Spitze (2113 m · 6932 ft), chiamato anche Hochpetzen, è una meta molto visitata dai turisti che amano le escursioni.

Karintisch-Sloveense Alpen
Op de grens tussen Zuid-Karinthië en Slovenië, aan de oostpunt van de Karawanken, ligt het Petzenmassief, een deel van de Karintisch-Sloveense Alpen. De brede ronde top van de Feistritzer Spitze (2113 m · 6932 ft), ook Hochpetzen genoemd, is een populair bij langeafstandswandelaars.

◂
Logarska dolina, Kamniško Savinjske Alpe, Slovenija

▸▸
Velika Raduha (2062 m · 6765 ft), Kamniško Savinjske Alpe, Slovenija

Velkina Planina, Kamniško Savinjske Alpe, Slovenija

On the high Velkina Planina plateau is one of the best preserved shepherds' settlements in Slovenia. Meanwhile, many of the more than 100 huts have become vacation homes which only resemble the traditional wooden huts from the outside.

L'un des villages de huttes pastorales les mieux préservés se trouve sur le haut plateau de Velika Planina. Les alentours comptent également plus de 100 huttes de vacances, dont seul l'extérieur ressemble aux huttes de bois traditionnelles.

Auf dem Hochplateau Velkina Planina befindet sich eine der besterhaltenen Hirtensiedlungen in Slowenien. Inzwischen sind viele der über 100 Hütten Ferienhäuser, die nur noch äußerlich den traditionellen hölzernen Hütten gleichen.

Grintovec (2558 m · 8392 ft), Kamniško Savinjske Alpe, Slovenija

En el altiplano de Velkina Planina se encuentra uno de los asentamientos de pastores mejor conservados de Eslovenia. Actualmente más de las 100 cabañas se han convertido en casas rurales, que ya sólo recuerdan a las antiguas cabañas de madera desde fuera.

Sulla Velkina Planina si trova uno dei villaggi meglio mantenuti della Slovenia. Sono più di 100 baite che nel frattempo sono diventate case per le vacanze e assomigliano alle baite in legno tradizionali ormai solo per l'aspetto esterno.

Op de Velkina Planina-hoogvlakte leeft een de grootste hertenroedels van Slovenië. Intussen zijn veel van ruim honderd hutten vakantiehuizen geworden, die alleen nog aan de buitenkant op de oorspronkelijke houten huizen lijken.

►►
Faaker See (554 m · 1818 ft), Kärnten, Österreich

Kamniško Savinjske Alpe, Slovenija

◂
Logarska dolina, Kamniško Savinjske Alpe, Slovenija

▸▸
Pyramidenkogel (850 m · 2789 ft), Klagenfurter Becken, Karawanken, Kärnten, Österreich

Porezen
1630 m · 5348 ft
Slovenian Alps · Alpes Slovènes
Slowenische Alpen · Alpi Slovene

Maribor, Štajerska, Slovenija

Slovenian Alps
Full of contrasts: the Slovenian Alps. Popular in winter for their well-groomed cross-country trails and ski slopes around Kranjska Gora, Planica, and Bovec. Prized in summer by active travelers for their beautiful hiking areas, footpaths through the vineyards, and challenging mountain climbing.

Alpes Slovènes
Riches en contrastes – les Alpes slovènes. Populaires en hiver en raison de leurs sentiers de ski de fond bien entretenus et des pistes de ski alpin autour de Kranjska Gora, Planica et Bovec. Appréciées des vacanciers actifs en été pour leurs magnifiques sites de randonnée, depuis les sentiers de promenade à travers vignes jusqu'à l'escalade de haute montagne exigeante.

Slowenische Alpen
Kontrastreich – die Slowenischen Alpen. Im Winter beliebt wegen ihrer gut präparierten Langlaufloipen und Skiabfahrten rund um Kranjska Gora, Planica und Bovec. Im Sommer von Aktiv-Urlaubern geschätzt wegen ihrer wunderschönen Wandergebiete, von Spazierwegen durch die Weinberge bis zu anspruchsvollen Hochgebirgssteigen.

Pohorje, Štajerska, Slovenija

Alpes eslovenos
Los Alpes eslovenos están llenos de contrastes. En invierno son un destino bastante frecuentado, por sus pistas de esquí de fondo y de slalom bien preparadas, alrededor de Kranjska Gora, Planica y Bovec. En verano es un destino popular para los amantes del turismo activo por el precioso entorno para hacer senderismo y sus bonitos caminos de paseo que transcurren entre viñedos hasta llegar a pendientes de alta montaña que suponen todo un reto para el visitante.

Alpi Slovene
La ricchezza dei contrasti: le Alpi Slovene. In inverno molto amate grazie alle piste per sci di fondo ben attrezzate e le discese intorno ai Kranjska Gora, Planica e Bovec. In estate amate dagli appassionati di vacanze all'insegna dell'attività fisica per i suoi percorsi erscursionistici, che permettono sia passeggiate tra i vigneti che scalate più impegnative.

Sloveense Alpen
Contrastrijk – de Sloveense Alpen. In de winter genieten sneeuwsporters van de goed geprepareerde langlaufloipes en skihellingen rond Kranjska Gora, Planica en Bovec, in de zomer genieten wandelaars van prachtige paden over de met wijngaarden bedekte heuvels of uitdagende klimroutes in het hooggebergte.

►►
Ljubljanska kotlina, Gorenjska, Slovenija

Pohorje, Štajerska, Slovenija

◂◂
Jamnik, Kranj, Gorenjska, Slovenija

Podpeško jezero, Kraji, Slovenija

►►
Ljubljanska kotlina, Kamniško Alpe, Slovenija

1 Ligurian Alps · Alpes liguriennes · Ligurische Alpen · Alpes Ligúricos · Alpi Liguri · Ligurische Alpen

2 Maritime Alps · Alpes-Maritimes · Seealpen · Alpes marítimos · Alpi Marittime · Zee-Alpen

3 The Provençal Alps and Foothills · Alpes de Haute Provence · Provenzalische Alpen und Voralpen · Alpes Provenzales y Prealpes · Alpi e Prealpi di Provenza · Provençaalse Alpen en Voor-Alpen

4 Cottian Alps · Alpes Cottiennes · Cottische Alpen · Alpes cocios · Alpi Cozie · Cottische Alpen

5 Dauphiné Alps · Alpes du Dauphiné · Dauphiné Alpen · Alpes del Delfinado · Alpi del Delfinato · Dauphiné Alpen

6 Dauphiné Foothills · Préalpes du Dauphiné · Dauphiné Voralpen · Prealpes del Delfinado · Prealpi del Delfinato · Dauphiné Voor-Alpen

7 Graian Alps · Alpes Graies · Grajische Alpen · Alpes grayos · Alpi Graie · Grajische Alpen

8 Savoy Foothills · Préalpes de Savoie · Savoyer Voralpen · Prealpes de Saboya · Prealpi di Savoia · Savoyse Voor-Alpen

9 Pennine Alps · Alpes Pennines · Pennische Alpen · Alpes peninos · Alpi Pennine · Walliser Alpen

10 Lepontine Alps · Alpes Lépontines · Lepontinische Alpen · Alpes lepontinos · Alpi Lepontine · Lepontische Alpen

11 Lugano Foothills · Préalpes de Lugano · Luganer Voralpen · Prealpes de Lugano · Prealpi Luganesi · Lugano Voor-Alpen

12 Bernese Alps · Alpes bernoises · Berner Alpen · Alpes berneses · Alpi Bernesi · Berner Alpen

13 Glarus Alps · Alpes glaronnaises · Glarner Alpen · Alpes de Glaris · Alpi Glaronesi · Glarner Alpen

14 Swiss Foothills · Préalpes suisses · Schweizer Voralpen · Prealpes suizos · Prealpi Svizzere · Zwitserse Voor-Alpen

15 Western Rhaetian Alps · Alpes Rhétiques occidentales · Westliche Rätische Alpen · Alpes Réticos occidentales · Alpi Retiche occidentali · Westelijke Rätische Alpen

16 Eastern Rhaetian Alps · Alpes Rhétiques Orientales · Östliche Rätische Alpen · Alpes Réticos orientales · Alpi Retiche Orientali · Oostelijke Rätische Alpen

17 Western Tauern Alps · Alpes des Tauern occidentales · Westliche Tauernalpen · Alpes del Tauern occidentales · Alpi dei Tauri occidentali · Westelijke Tauern Alpen

18 Eastern Tauern Alps · Östliche Tauernalpen · Alpes des Tauern Orientales · Alpes del Tauern orientales · Alpi dei Tauri Orientali · Oostelijke Tauern Alpen

19 Styrian-Carinthian Alps · Alpes de Styrie et Carinthie · Steirisch-Kärtnerische Alpen · Alpes de Estiria y Carintia · Alpi di Stiria e Carinzia · Stiermarkse-Karintische Alpen

20 Styrian Foothills · Préalpes de Styrie · Steirisches Randgebirge · Prealpes de Estiria · Prealpi di Stiria · Stiermarks Randgebergte

21 Limestone Alps · Alpes calcaires nord-tyroliennes · Nordtiroler Kalkalpen · Alpes calizos del Tirol septentrional · Alpi Calcaree Nordtirolesi · Noord-Tiroolse Kalkalpen

22 Bavarian Alps · Alpes bavaroises · Bayerische Alpen · Alpes Bávaros · Alpi Bavaresi · Bayerische Alpen

23 Tyrolean Slate Alps · Alpes schisteuses tyroliennes · Tiroler Schieferalpen · Alpes esquistosos tiroleses · Alpi Scistose Tirolesi · Tiroler Schieferalpen

24 Salzburg Northern Alps · Alpes septentrionales salzbourgeoises · Salzburger Nordalpen · Alpes septentrionales salzburgueses · Alpi Settentrionali Salisburghesi · Salzburger Nordalpen

25 Upper Austrian/Salzkammergut Alps · Alpes du Salzkammergut et de Haute-Autriche · Oberösterreichisch-Salzkammerguter Alpen · Alpes del Salzkammergut y de Alta Austria · Alpi del Salzkammergut e dell'Alta Austria · Salzkammergut en Opper-Oostenrijkse Alpen

26 Styrian Northern Alps · Alpes septentrionales de Styrie · Steirische Nordalpen · Alpes de Estiria meridionales · Alpi Settentrionali di Stiria · Stiermarkse Noord-Alpen

27 Lower Austrian Alps · Alpes de Basse-Autriche · Niederösterreichische Alpen · Alpes de Baja Austria · Alpi della Bassa Austria · Neder-Oostenrijkse Alpen

28 Southern Rhaetian Alps · Alpes rhétiques du sud · Südliche Rätische Alpen · Alpes Réticos meridionales · Alpi Retiche meridionali · Zuidelijke Rätische Alpen

29 Bergamo Alps and Foothills · Alpes et Préalpes bergamasques · Bergamasker Alpen und Voralpen · Alpes y Prealpes bergamascos · Alpi e Prealpi Bergamasche · Bergamasker Alpen en Voor-Alpen

30 Brescian and Lake Garda Foothills · Préalpes de Brescia et de Garde · Brescianer und Gardasee-Voralpen · Los Prealpes de Brescia y Garda · Prealpi Bresciane e Gardesane · Brescianer en Gardameer-Voor-Alpen

31 Dolomites · Dolomiten · Dolomitas · Dolomiti · Dolomieten

32 Venetian Foothills · Préalpes vénitiennes · Venetische Voralpen · Prealpes venecianos · Prealpi Venete · Venetiaanse Voor-Alpen

33 Carnic Alps · Alpes carniques · Karnische Alpen · Alpes cárnicos · Alpi Carniche · Karnische Alpen

34 Julian Alps · Alpes juliennes · Julische Alpen · Alpes julianos · Alpi Giulie · Julische Alpen

35 Carinthian-Slovenian Alps · Alpes de Carinthie et de Slovénie · Kärntnerisch-Slowenische Alpen · Alpi di Carinzia e di Slovenia · Karintisch-Sloveense Alpen

36 Slovenian Alps · Alpes Slovènes · Slowenische Alpen · Alpes de Carintia y de Eslovenia · Alpi Slovene · Sloveense Alpen

10/11
Monte Scorluzzo (3094 m · 10151 ft), Lombardia, Italia

12/13
Haute Vallée du Verdon, Alpes-de-Haute-Provence, Provence-Alpes-Côte d'Azur, France

14/15
Rotwand (1884 m · 6181 ft), Oberbayern, Bayern, Deutschland

16/17
Cadini di Misurina (2839 m · 9314 ft), Belluno, Veneto, Italia

18/19
Drei Zinnen (2999 m · 9839 ft), Sextner Dolomiten, Trentino-Sudtirol, Italien/Tre Cime di Lavaredo, Trentino-Alto Adige, Italia

20/21
Hopschusee (2017 m · 6618 ft), Wasenhorn (3246 m · 10650 ft), Kanton Wallis, Schweiz

22/23
Lago di Limides, Belluno, Veneto, Italia

24/25
Val Venegia, Trentino-Alto-Adige/Veneto, Italia

26/27
Aiguille Verte (4122 m · 13524 ft), Grandes Jorasses (4208 m · 13806 ft), Mont Blanc (4810 m · 15781 ft), Haute-Savoie, Auvergne-Rhône-Alpes, France

28/29
Paternkofel (2746 m · 9909 ft) Sextner Dolomiten, Trentino-Sudtirol, Italien/Monte Paterno, Dolomiti di Sesto, Trentino-Alto Adige, Italia

30/31
Monte Pelmo (3168 m · 10394 ft), Belluno, Veneto, Italia

32/33
Zugspitze (2962 m · 9718 ft), Wettersteingebirge, Bayern, Deutschland/Tirol, Österreich

Photo credits

huber-images

2 Olimpio Fantuz, 4 Heinz-Joachim Jockschat, 8 Hans-Peter Huber, 10/11 Rainer Mirau, 12/13 Michael Breitung, 14/15 Reinhard Schmid, 16-19 Rainer Mirau, 20/21 S.& S. Grünig Karp, 22/23 Tobias Richter, 24/25 C. Dörr, 26–29 Tobias Richter, 30/31 Hans-Peter Huber, 32/33 Tobias Richter, 34/35 Franco Cogoli, 55 Massimo Ripani, 54/55 Pete Goding, 62/63 Michael Breitung, 64 Tobias Richter, 65 Gräfenhain, 66/67 Michael Breitung, 72/73 Renier Stefano, 80 Massimo Ripani, 94/95 Tobias Richter, 98/99 Tobias Richter, 102/103 S.& S. Grünig Karp, 118/119 Sandra Raccanello, 120 Udo Bernhart, 122/123 Sandra Raccanello, 126 Moiola, 128–130 Bernd Römmelt, 131 Erminio Ferrari, 132–139 Davide Cenadelli, 144/145 Roberto Moiola, 150–152 Roberto Moiola, 153 Massimo Ripani, 154/155 Francesco Tremolada, 156/157 Roberto Moiola, 158 Erminio Ferrari, 160/161 Gianni Krättli, 166/167 S.& S. Grünig Karp, 173 S.& S. Grünig Karp, 180/181 Gräfenhain, 183 Massimo Ripani, 184/185 Gräfenhain, 189 Erminio Ferrari, 190/191 C. Dörr, 192/193 Hans-Georg Eiben, 197 Frank Lukasseck, 198/199 S.& S. Grünig Karp, 202 Rainer Mirau, 203 Gräfenhain, 208 Gräfenhain, 212/213 Gianni Krättli, 214/215 Massimo Ripani, 217 Fritz Mader, 218/219 C. Dörr, 220 Gianni Krättli, 221 Hans-Peter Huber, 222/223 Gianni Krättli, 225–227 S.& S. Grünig Karp, 228/229 Gräfenhain, 230 Hans-Peter Huber, 232/233 Rainer Mirau, 234/235 Hans-Peter Huber, 236 Gianni Krättli, 238/239 Hans-Peter Huber, 240/241 Roberto Moiola, 244 Rainer Mirau, 248–250 Rainer Mirau, 260/261 Olimpio Fantuz, 263 Siebig, 264/265 Bäck, 266/267 Hans-Georg Eiben, 274/275 Rainer Mirau, 276 Siebig, 277 Rainer Mirau, 282 Rainer Mirau, 283 Hans-Peter Huber, 284/285 Hans-Georg Eiben, 290 Hans-Georg Eiben, 292/293 Bernd Römmelt, 306 Gräfenhain, 310/311 C. Dörr, 316/317 C. Dörr, 318/319 Gräfenhain, 326/327 C. Dörr, 328/329 Bernd Römmelt, 333 Hans-Peter Merten, 334/335 Michael Breitung, 336/337 Bernd Römmelt, 338 Rainer Mirau, 339 Bernd Römmelt, 342/343 Hans-Peter Huber, 344/345 Reinhard Schmid, 348 C. Dörr, 349 Bernd Römmelt, 354 Hans-Peter Huber, 358 Rainer Mirau, 362/363 Siebig, 366–369 Reinhard Schmid, 370 Hans-Peter Huber, 372/373 Reinhard Schmid, 374 Rainer Mirau, 375 C. Dörr, 376/377 Bernd Römmelt, 378–379 Reinhard Schmid, 380/381 Bäck, 382/383 Bäck, 401 Rainer Mirau, 404/405 Rainer Mirau, 426–428 Hans-Peter Huber, 429 Nicola Angeli, 434 Manfred Bortoli, 436/437 Nicola Angeli, 438/439 Luciano Gaudenzio, 440/441 Roberto Moiola, 444 Roberto Moiola, Livio Piatta, 446/447 Roberto Moiola, 450 Davide Cenadelli, 451–453 Roberto Moiola, 456 Massimo Ripani, 460–462 Roberto Moiola, 464/465 Roberto Moiola, 466/467 Hans-Peter Huber, 468 Johanna Huber, 470–473 Hans-Peter Huber, 476/477 Johanna Huber, 479 Luciano Gaudenzio, 482/483 Gräfenhain, 488/489 Tobias Richter, 500/501 Bernd Römmelt, 502/503 Tobias Richter, 506 Nicola Angeli, 508/509 C. Dörr, 510/511 Luciano Gaudenzio, 512 Arcangelo Piai, 514/515 C. Gerolimetto, 516 C. Dörr, 517 Manfred Bortoli, 522/523 Luciano Gaudenzio, 524 Rainer Mirau, 525 Hans-Georg Eiben, 526-529 Rainer Mirau, 530/531 Hans-Georg Eiben, 532/533 Luciano Gaudenzio, 534/535 Diana Crestan, 536 Naturalight, 537 Luciano Gaudenzio, 538/539 Naturalight, 540/541 Gräfenhain, 543 Naturalight, 546/547 Tom Mackie, 548 Olimpio Fantuz, 549 Luciano Gaudenzio, 554 Johanna Huber, 556/557 Olimpio Fantuz, 561 Hans-Georg Eiben, 570/571 Rainer Mirau

Getty Images

7 Daniel Schoenen, 36 Westend61, 37 Daniel Schoenen, 38/39 Chiara Salvadori, 40 R. Carnovali, 41 Marco Galetto, 42/43 Daniel Schoenen, 48 Michael Cavalier, 49 Hugh L. Watts, 50/51 Marco Galetto, 56 Dufrenoy, 57 Jon Boyes, 58/59 elementals, 60/61 Michael Cavalier, 68/69 Raimund Linke, 74 Michael Cavalier, 75 Philippe Delobelle, 76–79 Michael Cavalier, 81 Michael Cavalier, 84/85 Westend61, 86 Patrik Desgraupes, 87–90 Mathieu Rivrin, 96 Gerard Labriet, 100/101 Philipp Klinger, 104 guioo878, 105 Guillaume Gouillux, 106/107 Michael Cavalier, 108–111 Franck Guiziou, 113 Alain Cachat, 114–117 Michael Cavalier, 121 David Santiago Garcia, 124/125 Christian Kober, 127 David Santiago Garcia, 148/149 Lion Montico, 159 Andia, 168/169 Natale Carioni, 174/175 Federica Grassi, 178 Max Peter, 179 Anan Charoenkal, 182 Anan Charoenkal, 216 Fabrizio Fusari, 231 ornygi, 237 Iris Kuerschner, 245 Christian Adams, 254/255 Andreas Strauss, 258/259 Bethel Fath, 262 Rainer Mirau, 268/269 Franz Pritz, 270 Westend61, 271–273 Rainer Mirau, 278/279 Christian Vorhofer, 286/287 Martin Steinthaler, 288/289 René Pirker, 291 Hans Georg Eiben, 322/323 Daniel Gerd Poelsler, 324 Maximilian Zimmermann, 330/331 Robert Seitz, 340 Westend61, 341 Dennis Fischer, 364 L. & W. Bahnmüller, 371 Egmont Strigl, 384 Westend61, 385 Rainer Mirau, 392/393 Rainer Mirau, 394 Westend61, 406/407 Günter Grüner, 408 Gerhard Zimmert, 409 Kirill Azhitsky, 412/413 F. Pritz, 421 Andreas Strauss, 430/431 Tobias Richter, 435 bonottomario, 448/449 Alfonso Cacciola, 454/455 AGF, 457 Macduff Everton, 458/459 Michele D'Amico, 469 John Freeman, 474/475 Jorg Greuel, 478 Chalermkiat Seedokmai, 480/481 Anan Charoenkal, 484 hwo, 485 Maya Karkalicheva, 486/487 Alberto Simonetti, 490 Arterra, 491 JTB Photo, 492/493 Sergio Parisi, 494/495 Hartmut Loebermann, 499 Westend61, 504/505 Atlantide Phototravel, 507 Anne Maenurm, 513 Adam Eastland, 520/521 Massimo Calmonte, 552/553 Guy Edwardes, 555 Enjoyyourlife, 558/559 blazekg, 560 Tim Draper, 562/563 vidka, 564 Iztok Alf Kurnik, 565 Klemen Bizjak, 566/567 Hanna Gottschalk, 568 Gremlin, 569 tomasworks, 574 Thomas Stankiewicz, 575 Richard Nebesky, 576/577 Lizzie Shepherd, 581 Andrej Trnkoczy, 582/583 Guy Edwardes

mauritius-images

44 Alamy, 46/47 Alamy, 52/53 Juergen Feuerer, 70/71 Stuart Forster, 82/83 imagebroker, 91 Lorenzo Mattei , 92/93 David Hughes, 97 David Hughes, 112 Heinz Linke, 140/141 Tim Ayers, 142 Glenn Harper, 143 Bart Pro, 146/147 Emmanuel Rondeau, 162/163 Iris Kürschner, 164 Stefan Schurr, 165 Alamy, 170 Roberto Moiola, 176/177 Mirko Costantini, 186/187 Bernd Römmelt, 188 Michael Jaeschke, 194 Helmut Peters, 200/201 Herbert Haltmeier, 204/205 Alamy, 206/207 Bernd Römmelt, 209 Alamy, 210/211 Frank Tschöpe, 224 Chlaus Lötscher, 242/243 Michel Cavalier, 246/247 Ludwig Mallaun, 251 Rolf Roeckl, 252/253 Daniel Gerd Poelsler, 256 Gerhard Wild, 257 Rudolf Pigneter, 280/281 Edwin Stranner, 294/295 Günter Flegar, 297 Christian Handl, 298/299 Andreas Neuburger, 300–303 Volker Preusser, 304/305 Alamy, 307 Iris Kürschner, 308/309 Stefan Hefele, 312 Klaus Neuner, 313 Klaus Scholz, 314/315 Ludwig Mallaun, 320/321 Bernd Römmelt, 325 Klaus Neuner, 332 go-images, 346/347 Robert Seitz, 350/351 Bernd Römmelt, 352/353 Horst Sollinger, 355 Alamy, 356/357 Christian Vorhofer, 359 Ludwig Mallaun, 360/361 Thomas Hoflacher, 365 BY, 386/387 Gerhard Wild, 388/389 Markus Kapferer, 390 Gerhard Zimmert, 391 Daniel Gerd Poelsler, 395 Martin Siepmann, 396/397 Bernd Römmelt, 398/399 Rainer Mirau, 400 Günter Flegar, 402/403 Günter Flegar, 410/411 Thomas Aichinger, 414 Werner Lang, 415 Martin Siepmann, 416–420 Christian Handl, 422/423 Rainer Mirau, 424/425 Günter Grüner, 432/433 Bernd Römmelt, 442/443 CuboImages, 463 CuboImages, 496/497 Martin Rügner, 498 CuboImages, 518/519 Lynne Otter, 542 James Osmond, 544/545 Stefan Hefele, 550/551 Stefan Sassenrath, 572/573 John Warburton-Lee, 578/579 Mark Bauer, 580 Harry Walker

Wikimedia-Commons

296 Josef Steinberger/Gerhard Freigaßner (CC-BY-SA 3.0)

KÖNEMANN

www.koenemann.com

Series Concept: koenemann.com GmbH
Concept & Picture Editing: Claudia Bettray
Text: Ingeborg Pils

English, French, Spanish, Italian & Dutch translations:
TEXTCASE Translation Agency
info@textcase.nl
textcase.de textcase.eu

Design & Layout: ditter.projektagentur GmbH

Printed in Spain by Liberdúplex

ISBN: 978-3-7419-1971-8